Grill & Barbecue

CHRISTIAN

Grill & Barbecue

100 heiße Rezepte für Gemüse, Fisch und Fleisch

Rezepte
und Fotografie
Jean-François Mallet

CHRISTIAN

Inhalt

Fisch & Meeresfrüchte

Fruchtiges vom Grill

Der heiß geliebte Grill

Als Anhänger des authentischen Barbecues grille ich am liebsten über Holzkohle oder über dem Holzfeuer. Aber auch elektrische oder mit Gas betriebene Geräte sind praktisch und in aller Regel auch ganz einfach zu handhaben. In jedem Fall ist Vorsicht oberstes Gebot beim Grillen. Platzieren Sie den Grill in sicherer Entfernung von brennbaren Materialien (Haus, Baum ...), vorzugsweise an einem windgeschützten Ort, und halten Sie Kinder auf Abstand.

Zum Entfachen des Feuers sind die handelsüblichen Grillanzünder ein bewährtes Hilfsmittel, ich habe allerdings meine eigene Methode: Nicht zu fest zusammengeknülltes Zeitungspapier in die Grillwanne legen und mit trockenen, kleinen Zweigen und Tannenzapfen oder Kleinholz bedecken. Dann das Zeitungspapier anzünden und, sobald die Zweige brennen, mit Holzkohle oder weiterem trockenem Holz auffüllen, zuerst die kleineren, dann die größeren Stücke. Nehmen Sie keinesfalls Brennspiritus zum Entzünden und schon gar nicht als »Brandbeschleuniger«, es ist höllisch gefährlich. Fleisch und Fisch werden über Holz oder Holzkohle nicht nur wunderbar zart und saftig, das Brenngut verleiht ihnen auch eine reizvolle rauchige Note. Verwendet man beispielsweise Weinreisig, nehmen die Speisen sein charakteristisches Aroma an.

Vor dem Garen der Speisen bieten Marinaden und Würzmischung eine Vielzahl interessanter Möglichkeiten; sie machen das Fleisch noch zarter und verleihen Fisch und Gemüse eine Extraportion Geschmack. Beim Grillen selbst ist eine vernünftige Glut das A und O. Beginnen Sie erst, wenn die Flammen vollständig erloschen sind, damit das Grillgut nicht verbrennt. Es macht nichts, wenn ab und zu ein paar Flammen züngeln, solange Sie den Garprozess unter Kontrolle haben und den Grillrost im Ernstfall einfach etwas anheben. Durch Tieferstellen des Rostes können Sie den Garprozess natürlich auch beschleunigen.

Zum Wenden und Umsetzen der Speisen empfehle ich Werkzeug mit möglichst langen Griffen, damit die Hände immer ausreichend Sicherheitsabstand zur Hitze haben, die mit bis zu 300 °C abstrahlen kann. Zur Grundausstattung gehören eine Gabel zum Wenden langsam garender Speisen wie Schweinefleisch, Würste und Kartoffeln und eine Grillzange für rotes Fleisch, Tomaten und andere Speisen, die man nicht einstechen sollte.

Jede Art von Fleisch, Fisch, Gemüse oder Früchten ist zum Grillen geeignet, und entgegen der allgemein verbreiteten Annahme ist Gegrilltes nicht zwangsläufig fett, da viele Speisen auf dem Rost sogar einen Teil ihres Fettes einbüßen.

Grillen ist nicht nur eine denkbar einfache Garmethode, es macht auch einen Heidenspaß. Außerdem bietet es so viel mehr Möglichkeiten als nur die notorische Wurst mit Senf und Kartoffelsalat. Köstliches und Kreatives vom Rost – es gibt noch viel zu entdecken!

Marinaden, Saucen & Würzmischungen

Olivenölmarinade mit Basilikum

FÜR 4–6 PORTIONEN
ZUBEREITUNG: 10 Minuten

- 2 Bund Basilikum
- 1 EL Pinienkerne
- 1 Knoblauchzehe
- 4 EL Olivenöl
- Salz und Pfeffer

Die abgezupften und gewaschenen Basilikumblätter mit den Pinienkernen, dem geschälten Knoblauch und dem Olivenöl in den Mixer geben, mit Salz und Pfeffer würzen und zu einer glatten Paste pürieren.

▸ Passt besonders zu Gemüse, hellem Fleisch, Geflügel sowie zu Fisch und Meeresfrüchten.

▸ Zum Einlegen vor dem Garen, doch eignet sich diese Marinade auch gut als Würzsauce für fertig Gegrilltes.

Kalte Tomatensauce mit Knoblauch und Kräutern

FÜR 4–6 PORTIONEN
ZUBEREITUNG: 10 Minuten
GARZEIT: 10 Minuten

5 eingelegte getrocknete Tomaten

- 3 EL Olivenöl
- 250 g Kirschtomaten
- 2 Knoblauchzehen, gehackt
- 2 EL Balsamico
- 1 Prise Kräuter der Provence
- Salz und Pfeffer

Die eingelegten Tomaten hacken. Das Öl in einer Pfanne erhitzen. Kirschtomaten und Knoblauch anschwitzen. Sobald sie Farbe genommen haben, die gehackten Tomaten zugeben, 5 Minuten garen und mit dem Essig ablöschen. Mit Salz, Pfeffer und den Kräutern der Provence würzen. Die Mischung mit einer Gabel zerdrücken und durchziehen lassen. Sie können zusätzlich auch einige Kapern untermengen.

▸ Passt vor allem zu Rind, Geflügel, hellem Fleisch, Fisch und Krustentieren.

▸ Zum Überziehen heißer Speisen nach dem Grillen.

Marinade mit frischem Fruchtsaft und Kirschtomaten

FÜR 4–6 PORTIONEN
ZUBEREITUNG: 10 Minuten
MARINIEREN: 12 Stunden

- 2 Orangen
- 1 Grapefruit
- 10 Kirschtomaten
- 1 EL Currypulver
- 5 EL Olivenöl
- 3 EL Pfirsich- oder Aprikosensaft
- 4 Zweige frischer Thymian

Den Saft der Zitrusfrüchte in eine Schüssel pressen. Die Kirschtomaten in dünne Scheiben schneiden und ebenfalls in die Schüssel geben. Das Currypulver, das Olivenöl, den Pfirsich- oder Aprikosensaft und den abgezupften Thymian zufügen und sorgfältig vermengen. Das Grillgut einlegen und 12 Stunden im Kühlschrank marinieren.

▶ Hauptsächlich für Fisch und Meeresfrüchte.

▶ Zum Einlegen vor dem Garen.

Apfelmarinade mit Cidre

FÜR 4–6 PORTIONEN
ZUBEREITUNG: 10 Minuten
MARINIEREN: 24 Stunden

- 1 grüner Apfel
- 200 ml Cidre
- 1 EL Calvados
- 4 EL Olivenöl
- Saft von 1 Limette
- 1 EL Rohzucker
- Salz und Pfeffer

Den Apfel ungeschält in lange Stifte hobeln oder raspeln und mit dem Cidre und dem Calvados vermengen. Salzen und pfeffern, das Olivenöl, den Limettensaft und den Rohzucker zugeben und sorgfältig vermischen. Das Gargut einlegen und vor dem Grillen etwa 24 Stunden marinieren.

▶ Vorzugsweise für Geflügel – vor allem Hähnchenbrust –, helles Fleisch und weißfleischiges Fischfilet.

▶ Zum Marinieren vor dem Grillen.

Zitrusmarinade mit Basilikum

FÜR 4–6 PORTIONEN
ZUBEREITUNG: 10 Minuten
MARINIEREN: 12 Stunden

- ◆ 2 Bund frisches Basilikum
- ◆ 2 unbehandelte Orangen
- ◆ ½ unbehandelte Zitrone
- ◆ Saft von 2 Orangen
- ◆ 4 EL Olivenöl
- ◆ Salz und Pfeffer

Das Basilikum waschen und entstielen. Die Orangen und die halbe Zitrone in Stücke schneiden. Die Fruchtstücke in einer großen Schüssel mit den Basilikumblättern, dem Orangensaft und dem Olivenöl vermengen und mit Salz und Pfeffer würzen. Das Grillgut einlegen und vor der Zubereitung 12 Stunden im Kühlschrank marinieren.

▸ Vor allem für Rind, Geflügel, helles Fleisch sowie Fisch und Krustentiere.

▸ Zum Marinieren vor dem Grillen. Sie können diese Marinade jedoch auch als Würzsauce zu gegrillten Hähnchenkeulen, Schweinekoteletts, Kalbsschnitzeln sowie zu Grillrouladen servieren.

Klassische Weinmarinade

FÜR 6–8 PORTIONEN
ZUBEREITUNG: 15 Minuten
MARINIEREN: 24 Stunden

- ◆ 1 große Zwiebel
- ◆ 1 Karotte
- ◆ 1 l Rotwein
- ◆ 6 EL Sonnenblumenöl
- ◆ 2 Zweige frischer Thymian
- ◆ 4 Lorbeerblätter
- ◆ 1 TL weiße Pfefferkörner
- ◆ 1 EL Koriandersamen

Die Zwiebel und die Karotte schälen, in Scheiben schneiden und in einer großen Schüssel mit dem Wein, dem Öl, dem Thymian, dem Lorbeer, dem Pfeffer und den Koriandersamen vermengen. Das Fleisch einlegen und vor dem Grillen 24 Stunden im Kühlschrank marinieren.

▸ Vor allem für rotes Fleisch sowie für Haar- und Federwild.

▸ Zum Marinieren vor dem Grillen.

Honigmarinade mit Thymian

FÜR 4–6 PORTIONEN
ZUBEREITUNG: 10 Minuten
MARINIEREN: 24 Stunden

- 2 Knoblauchzehen
- 5 EL flüssiger Honig
- 1 EL getrockneter Thymian
- 1 TL Sojasauce
- Salz und Pfeffer

Den Knoblauch schälen, fein hacken und in einer großen Schüssel mit dem Honig, dem Thymian und der Sojasauce verrühren. Salzen und pfeffern, das Grillgut einlegen und vor der Zubereitung 24 Stunden im Kühlschrank marinieren.

▸ Besonders für Geflügel und helles Fleisch.
▸ Zum Marinieren vor dem Grillen.

Limetten-Salbei-Marinade

FÜR 4–6 PORTIONEN
ZUBEREITUNG: 10 Minuten
MARINIEREN: 12 Stunden

- 2 unbehandelte Limetten
- 5 EL Olivenöl
- 10 Salbeiblätter, gehackt
- Salz und Pfeffer

Die Schale der Limetten abreiben und den Saft der Früchte auspressen. Schale und Saft in einer großen Schüssel mit dem Olivenöl verrühren und mit Salz und Pfeffer würzen. Den Salbei untermengen, das Grillgut einlegen und 12 Stunden im Kühlschrank marinieren.

▸ Vor allem für Gemüse, Geflügel, helles Fleisch, Lamm und Meeresfrüchte.
▸ Zum Marinieren vor der Zubereitung oder zum Würzen nach dem Grillen.

Indische Joghurtmarinade

FÜR 4–6 PORTIONEN
ZUBEREITUNG: 10 Minuten
MARINIEREN: 12 Stunden

- 50 g frische Ingwerwurzel
- 3 Becher Joghurt je 125 g
- 4 EL Paprikapulver
- 1 TL Olivenöl
- 1 EL scharfes Currypulver
- ½ TL gemahlener Kreuzkümmel
- Saft von 1 Limette
- Salz und Pfeffer

Den Ingwer reiben. Den Joghurt mit dem Paprika, dem Olivenöl, dem Currypulver, dem Kreuzkümmel, dem Limettensaft und dem Ingwer verrühren und mit Salz und Pfeffer würzen. Das Grillgut einlegen und 12 Stunden im Kühlschrank marinieren.

▸ Vor allem für Geflügel, Fisch und Krustentiere, besonders Garnelen.

▸ Zum Marinieren vor dem Grillen.

Schwedische Dill-Koriander-Marinade

FÜR 4–6 PORTIONEN
ZUBEREITUNG: 10 Minuten
MARINIEREN: 24 Stunden

- 1 Bund Dill
- 1 TL Kümmelsamen
- 2 EL Aquavit
- 1 TL Koriandersamen
- 5 EL Weißwein
- Salz und Pfeffer

Den Dill waschen, hacken und mit sämtlichen anderen Zutaten vermengen. Das Grillgut einlegen und vor der Zubereitung 24 Stunden marinieren.

▸ Besonders geeignet für Geflügel und Fisch.

▸ Zum Marinieren vor der Zubereitung.

Currymarinade

FÜR 4–6 PORTIONEN
ZUBEREITUNG: 10 Minuten
MARINIEREN: 24 Stunden

1 TL Currypaste (Fertigprodukt)

◆ 1 TL Currypulver
◆ 1 TL gemahlener Kurkuma
◆ 4 EL Erdnussöl
◆ 1 Banane
◆ 125 ml Wasser
◆ 50 ml Kokosmilch
◆ Salz und Pfeffer

Sämtliche Zutaten in einer großen Schüssel verrühren. Das Grillgut einlegen und 24 Stunden marinieren.

▶ Hauptsächlich für Geflügel, helles Fleisch, vor allem Schweinekoteletts und Kaninchen, sowie für Krustentiere, z.B. Garnelen.

▶ Zum Marinieren vor dem Grillen.

Chinesische Gemüsemarinade

FÜR 4–6 PORTIONEN
VORBEREITUNG: 15 Minuten
GARZEIT: 20 Minuten

◆ 2 rote und 1 grüne Paprika, 1 Karotte, 3 Knoblauchzehen, 1 Zwiebel, 50 g Ingwerwurzel, jeweils in Scheiben bzw. Streifen geschnitten
◆ 3 EL Sonnenblumenöl
◆ 100 g Sojasprossen
◆ 1 EL flüssiger Honig
◆ 6 EL Sojasauce
◆ 1 TL Sesamöl
◆ 1 TL Maisstärke
◆ Salz und Pfeffer

Das klein geschnittene Gemüse und den Ingwer in dem Sonnenblumenöl anschwitzen und 10 Minuten sanft garen. Sojasprossen und Honig zugeben. Sobald die Mischung karamellisiert, Sojasauce und Sesamöl unterrühren und weitere 5 Minuten garen. Die in etwas lauwarmem Wasser angerührte Stärke hinzufügen und noch 5 Minuten köcheln lassen. Salzen und pfeffern.

▶ Zu hellem Fleisch, Fisch und Krustentieren.

Japanische Marinade mit Wasabi

FÜR 4–6 PORTIONEN
ZUBEREITUNG: 5 Minuten
MARINIEREN: 1 Stunde

- 1 EL Wasabi (aus der Tube)
- 4 EL japanische Sojasauce
- 1 TL geröstete Sesamsamen

Sämtliche Zutaten miteinander verrühren. Das Grillgut einlegen und vor der Zubereitung 1 Stunde marinieren.

▸ Vor allem für Geflügel, Rind, Fisch und Krustentiere.

▸ Zum Marinieren vor dem Grillen oder als Würzsauce für unmariniert gegrillte Speisen.

Vietnamesische Sojamarinade mit Koriandergrün

FÜR 4–6 PORTIONEN
ZUBEREITUNG: 15 Minuten
MARINIEREN: 12 Stunden

- 2 Bund Koriandergrün, gehackt
- Saft von 3 Limetten
- 1 EL Hoisin-Sauce (chinesische Würzsauce)
- 5 EL Sojasauce
- 1 TL Fischsauce (z.B. *nuoc mam*)
- ½ TL Rohzucker
- 1 Prise Chilipulver
- Salz und Pfeffer

Sämtliche Zutaten vermengen und etwas kaltes Wasser unterrühren. Salzen und pfeffern, das Grillgut einlegen und 12 Stunden marinieren.

▸ Für rotes Fleisch, Geflügel, helles Fleisch sowie Fisch und Krustentiere.

▸ Zum Marinieren vor dem Grillen oder zum Einlegen nach dem Grillen.

Scharfe afrikanische Chilimarinade

Für 50–60 Portionen
ZUBEREITUNG: 10 Minuten

- ◆ 10 kleine, scharfe rote Chilischoten
- ◆ 5 EL Sonnenblumenöl

Chilischoten waschen und mit dem Sonnenblumenöl im Mixer pürieren. In ein Glas füllen und im Kühlschrank lagern.

▸ Vor allem für rotes und weißes Fleisch sowie für Geflügel.

▸ Da höllisch scharf, nur in geringen Dosen zu verwenden, sei es vor der Zubereitung oder als Würzsauce nach dem Grillen für Rind-, Lamm-, Schweine- oder Kalbfleisch.

Marokkanische Marinade

FÜR 6–8 PORTIONEN
VORBEREITUNG: 15 Minuten
GARZEIT: 35 Minuten
MARINIEREN: 12 Stunden

- ◆ 1 Zwiebel, gehackt
- ◆ 5 EL Olivenöl
- ◆ 1 EL gemahlener Kreuzkümmel
- ◆ 1 EL *ras el-hanout* (marokkanische Gewürzmischung)
- ◆ 1 TL Kurkuma
- ◆ 480 g geschälte Tomaten aus der Dose
- ◆ Salz und Pfeffer

Die Zwiebel in dem Olivenöl anschwitzen. Sobald sie Farbe nimmt, die Würzzutaten zugeben und unter Rühren weiterbräunen. Die Tomaten hinzufügen und auf kleiner Flamme 30 Minuten garen. Die Mischung im Mixer pürieren und mit Salz und Pfeffer würzen. Abkühlen lassen, das Grillgut einlegen und 12 Stunden marinieren.

▸ Geeignet für Lamm, Geflügel und Fisch, besonders für Sardinen, Makrele und Thunfisch.

▸ Zum Marinieren oder als Würzsauce zu Gegrilltem.

Marinaden und Saucen

17

Knoblauchbutter mit Petersilie

FÜR 4–6 PORTIONEN
ZUBEREITUNG: 10 Minuten

- ½ Bund Petersilie
- 100 g weiche Butter
- 4 rosa Knoblauchzehen, geschält
- Salz und Pfeffer

Die Petersilie waschen, gut abtrocknen und hacken. Die Butter mit der Petersilie und dem Knoblauch im Mixer pürieren und mit Salz und Pfeffer abschmecken.

▶ Schmeckt am besten zu Rind, Lamm oder zu Fisch, besonders zu Sardinen, Makrele, Lachs oder Schwertfisch.

Tomaten-Estragon-Butter

FÜR 4–6 PORTIONEN
ZUBEREITUNG: 10 Minuten

- 1 Bund Estragon
- 100 g weiche Butter
- 1 TL Tomatenmark (aus der Tube)
- Salz und Pfeffer

Den Estragon waschen und abzupfen. Die Butter mit dem Tomatenmark im Mixer pürieren, den Estragon untermengen und mit Salz und Pfeffer abschmecken.

▶ Passt zu Schwein, Kalb und Geflügel sowie zu gegrilltem Fisch wie Thunfisch oder Rotbarben.

Curry-Paprika-Würze mit Sesam

FÜR 4–6 PORTIONEN
ZUBEREITUNG: 5 Minuten

- ◆ 1 EL Currypulver
- ◆ 1 TL Paprikapulver
- ◆ 1 EL geröstete Sesamsamen

Sämtliche Zutaten gründlich miteinander vermengen.

▸ Zum Würzen von gegrilltem Schwein, Kalb oder Geflügel sowie zu Jakobsmuscheln und Garnelen vom Grill.

Aromatische Kräutermischung

FÜR 4–6 PORTIONEN
ZUBEREITUNG: 10 Minuten
TROCKNEN: mehrere Tage

- ◆ 1 Bund Basilikum
- ◆ 4 Zweige Rosmarin
- ◆ 5 Zweige Thymian
- ◆ 5 Zweige Oregano
- ◆ 5 Zweige Minze
- ◆ 5 Zweige Estragon

Die Blätter der Kräuter abzupfen und bei Raumtemperatur an der Luft einige Tage trocknen lassen. Die Mischung vor der Verwendung grob hacken und zum Würzen über die noch heißen gegrillten Speisen streuen.

▸ Zum Würzen von Tomaten, Ziegenkäse, Rind, Kalb, Fisch und Krustentieren nach dem Grillen.

Mohn-Sesam-Mischung

FÜR 4–6 PORTIONEN
ZUBEREITUNG: 5 Minuten

- 1 EL geröstete Sesamsamen
- 2 EL Mohnsamen

Die gerösteten Sesamsamen und die Mohnsamen vermengen.

▸ Würzmischung für Hähnchenkeulen, Kalbsschnitzel, Schweinekoteletts, Rotbarbenfilets und Lachssteaks nach dem Grillen.

Schnittlauch-Zitronen-Salsa

FÜR 4–6 PORTIONEN
ZUBEREITUNG: 10 Minuten

- 2 Bund Schnittlauch
- 3 unbehandelte Zitronen
- ½ TL Salzblüte (fleur de sel)

Den Schnittlauch in Stücke oder Röllchen schneiden. Die Schale der Zitronen in dünnen Streifen abschälen. Den Schnittlauch mit der Salzblüte und der Zitronenschale vermengen.

▸ Zum Würzen von Hähnchenbrust, Riesengarnelen, Miesmuscheln, Jakobsmuscheln und Fisch, z.B. Kabeljau, Lachs oder Thunfisch nach dem Grillen.

Salzblüte mit Kräutern der Provence

FÜR 6–8 PORTIONEN
ZUBEREITUNG: 5 Minuten

◆ 1 EL getrocknete Kräuter der Provence
◆ 1 EL Salzblüte *(fleur de sel)*

Die Kräuter sorgfältig mit der Salzblüte vermengen.

▸ Zum Würzen von Rinder- und Kalbskoteletts, Schwein, Geflügel und Würsten (z.B. Andouillettes, frz. Kuttelwürste) sowie für Sardinen und Garnelen nach dem Grillen.

Chilisalz

FÜR 6–8 PORTIONEN
ZUBEREITUNG: 10 Minuten

◆ 1 EL Meersalz
◆ 1 rote Chilischote

Das Meersalz im Mörser leicht zerstoßen. Die Chilischote in dünne Scheiben schneiden, unter das Salz mengen und weiter zerstoßen. Gründlich durchmischen.

▸ Als Würze für Rind, Kalb, Schwein, Geflügel, Fisch und Garnelen nach dem Grillen.

Würzmischungen

21

Paprika-Chili-Salz

FÜR 6–8 PORTIONEN
ZUBEREITUNG: 5 Minuten

◆ 1 EL Paprikapulver
◆ 1 EL Salzblüte (*fleur de sel*)
◆ ½ TL Chilipulver

Das Paprikapulver, die Salzblüte und das Chilipulver gründlich vermengen.

▸ Zum Würzen von Zucchini, Auberginen, Rind, Geflügel, Garnelen, Lachs und Thunfisch nach dem Grillen.

Salzblüte mit rosa Pfeffer

FÜR 6–8 PORTIONEN
ZUBEREITUNG: 5 Minuten

◆ 2 EL rosa Pfeffer
◆ 1 EL Salzblüte (*fleur de sel*)

Den rosa Pfeffer leicht zerstoßen und mit der Salzblüte vermengen.

▸ Zum Würzen von Tomaten, Artischocken, Rindersteaks, Lamm- und Schweinekoteletts und Würsten wie Merguez oder Andouillettes (frz. Kuttelwürste) nach dem Grillen.

Rosmarinsalz

FÜR 4–6 PORTIONEN
ZUBEREITUNG: 5 Minuten

- 5 Zweige frischer Rosmarin
- 1 EL Salzblüte *(fleur de sel)*

Den Rosmarin abzupfen, hacken und mit der Salzblüte vermengen.

▸ Zum Würzen von Tomaten, Zucchini, Rinder- und Kalbskoteletts, Schwein, Bratwürsten, Fisch und Krustentieren nach dem Grillen.

Dreierlei-Gewürze-Mischung

FÜR 4–6 PORTIONEN
ZUBEREITUNG: 5 Minuten

- 1 TL Paprikapulver
- 1 TL Currypulver
- 1 TL gemahlener Kreuzkümmel

Die Gewürze sorgfältig vermischen.

▸ Zum Würzen von Rind, Kalb, Schwein und Lamm nach dem Grillen.

Würzmischungen

23

Chinesische Fünf-Gewürze-Mischung

FÜR 6–8 PORTIONEN
ZUBEREITUNG: 5 Minuten

- 1 TL gemahlener Kreuzkümmel
- 1 TL gemahlener Koriander
- 1 TL gemahlener Sternanis
- 1 TL gemahlener Zimt
- 1 TL gemahlene Gewürznelken

Sämtliche Gewürze sorgfältig miteinander vermengen.

▸ Zum Würzen von Rippchen, Würsten, Kalbskoteletts, Geflügel und Fischfilets nach dem Grillen.

Kräuter der Provence mit Koriander

FÜR 4–6 PORTIONEN
ZUBEREITUNG: 5 Minuten

- 3 Zweige frischer Rosmarin
- 4 Zweige frischer Thymian
- 4 Zweige frischer Oregano
- 1 EL zerstoßene Koriandersamen

Die Kräuter abzupfen und mit den zerstoßenen Koriandersamen vermengen.

▸ Als aromatische Garnitur für Hähnchenkeulen, Stubenküken, Wachteln, Schweinekoteletts, alle Arten von Würsten sowie ganze Fische wie Wolfsbarsch, Rotbarben oder Makrelen nach dem Grillen. Sie können die Mischung auch vor dem Garen in die Bauchhöhle von Wachteln, Stubenküken und Fischen stecken.

Kreuzkümmel mit Zitronenschale

FÜR 4–6 PORTIONEN
ZUBEREITUNG: 10 Minuten

- 3 unbehandelte Zitronen
- 8 EL Kreuzkümmelsamen

Die Schale der Zitronen in dünnen Streifen abschälen und mit dem Kreuzkümmel vermengen.

▸ Würzmischung für Hähnchenbrust, Kalbsschnitzel, Schweinefilet, Tintenfisch, Thunfisch, Schwertfisch oder Lachs nach dem Grillen.

Indisches Currysalz

FÜR 6–8 PORTIONEN
ZUBEREITUNG: 5 Minuten

- 1 EL Salzblüte *(fleur de sel)*
- 1 EL Currypulver

Die Salzblüte und den Curry miteinander vermischen.

▸ Für Gemüse, Geflügel, Schwein, Fisch und Krustentiere nach dem Grillen.

Vorspeisen &
Beilagen

Sie können die Ananas auch durch frische Mango ersetzen, eine originelle und nicht weniger schmackhafte Variante.

Kirschtomaten-Ananas-Spieße mit Curry

FÜR 4 PERSONEN
VORBEREITUNG: 15 Minuten
GARZEIT: 10 Minuten

◆ 1 Ananas
(vorzugsweise Victoria)
◆ 20 Kirschtomaten
◆ 1 EL Currypulver
◆ 2 EL Olivenöl
◆ Salz und Pfeffer

1 Die Ananas sorgfältig schälen, den Strunk entfernen und das Fruchtfleisch in gleichmäßige Würfel schneiden.

2 Je eine Kirschtomate und einen Ananaswürfel auf kleine Holzspieße stecken (eventuell vorher wässern, damit sie nicht verbrennen) und mit Salz, Pfeffer und dem Currypulver würzen.

3 Die Spieße auf den Rost legen und 10 Minuten grillen; regelmäßig wenden.

4 Die gegrillten Spieße mit dem Olivenöl beträufeln und heiß servieren.

Wenn Sie kein großer Fan von Knoblauch sind, bestreichen Sie das Brot stattdessen mit Pesto, bevor Sie es mit den Tomaten und Kapern garnieren.

Crostini mit Kirschtomaten und Kapern

FÜR 4 PERSONEN
VORBEREITUNG: 15 Minuten
GARZEIT: 10 Minuten

◆ 4 Zweige frischer Thymian
◆ 4 EL Olivenöl
◆ 4 Scheiben Bauernbrot (oder ½ Baguette)
◆ 4 Knoblauchzehen
◆ 12 rote oder gelbe Kirschtomaten
◆ 2 TL kleine Kapern
◆ Salz und Pfeffer

1 Für das Thymianöl den Thymian abzupfen und mit dem Olivenöl verrühren. Das Brot mit der Mischung tränken und mit Salz und Pfeffer würzen.

2 Die Scheiben auf dem Grill, nicht zu stark, von beiden Seiten rösten und anschließend mit dem Knoblauch einreiben.

3 Die Kirschtomaten halbieren und mit den Kapern auf den Crostini verteilen.

4 Die Crostini erneut auf den Grill legen und goldbraun fertigstellen.

5 Die Crostini zum Aperitif oder mit einem grünen Salat als Vorspeise servieren.

Falls Sie keine Poivrade-Artischocken finden (sie stammen aus der Provence), können Sie auch zu konservierten Artischockenböden greifen. Da diese gewöhnlich vorgegart sind, verkürzt sich die Grillzeit.

Gegrillte Artischocken mit Kapern-Vinaigrette

FÜR 4 PERSONEN
VORBEREITUNG: 20 Minuten
GARZEIT: 25 Minuten

- 16 Poivrade-Artischocken (oder andere kleine zarte Artischocken)
- ½ Zitrone
- 6 EL Olivenöl
- ½ Bund Basilikum
- 1 Schalotte
- 2 EL kleine Kapern
- 1 EL Balsamico
- Salz und Pfeffer

1 Die Artischocken der Länge nach halbieren. Die Spitzen kappen, die harten Außenblätter abziehen und die Stiele schälen. Das »Heu« in der Mitte entfernen. Die Artischockenherzen mit den Zitronenhälften abreiben, damit sie nicht braun werden. Das Gemüse mit einem Esslöffel des Olivenöls beträufeln und mit Salz und Pfeffer würzen.

2 Die Artischocken auf den Grill legen und rundherum etwa 25 Minuten garen; regelmäßig wenden.

3 Die Kapern-Vinaigrette zubereiten: Das Basilikum waschen und hacken, die Schalotte schälen und ebenfalls hacken. Das Basilikum mit den Kapern, der Schalotte, dem restlichen Olivenöl und dem Balsamico verrühren.

4 Die gegrillten Artischocken heiß servieren, die Kapern-Vinaigrette separat dazu reichen.

Noch einfacher geht es bei diesem Rezept, wenn Sie die Paprika-schoten schlicht von allen Seiten grillen, anschließend mit Olivenöl beträufeln und als Beilage zu Fleisch oder Fisch servieren.

Salat mit gegrillten Paprikaschoten

FÜR 4 PERSONEN
ZUBEREITUNG: 10 Minuten
GARZEIT: 35–45 Minuten

- 5 Zweige glatte Petersilie
- 1 rosa Knoblauchzehe
- 8 Paprikaschoten (rote, gelbe …)
- 8 Sardellenfilets
- 4 EL Olivenöl
- Salz und Pfeffer

1 Die Petersilie abzupfen und grob hacken. Den Knoblauch schälen und ebenfalls hacken. Die Paprikaschoten waschen und abtrocknen.

2 Die Schoten ohne Zugabe von Fett von allen Seiten je nach Stärke der Hitze 35–45 Minuten grillen und dabei regelmäßig wenden, bis die Haut rundherum geschwärzt und das Fruchtfleisch weich ist.

3 Die Paprika vom Grill nehmen, noch im heißen Zustand häuten und von den Strünken und Samen befreien. Das Fruchtfleisch in lange Streifen schneiden und mit der Petersilie, den Sardellen und dem Knoblauch vermengen. Mit Salz und Pfeffer würzen und das Olivenöl untermischen.

4 Den Paprikasalat als Beilage zu gegrilltem Fleisch servieren.

Für ein bisschen Abwechslung lässt sich hier sorgen, wenn Sie die Auberginen mit einem Stück Mozzarella und Basilikum füllen. Achten Sie aber darauf, dass der Käse nicht zu stark schmilzt.

Gegrillte Auberginen- röllchen mit Sardellen und Salbei

FÜR 4 PERSONEN
VORBEREITUNG: 20 Minuten
GARZEIT: 20 Minuten

- 2 Auberginen
- 4 EL Olivenöl
- 20 Salbeiblätter
- 20 Sardellenfilets
- Salz und Pfeffer

1 Die Auberginen waschen und die Stielansätze kappen. Längs in 20 dünne Scheiben schneiden und in dem Olivenöl wenden.

2 Die Auberginenscheiben auf den Rost legen und bei nicht zu starker Hitze etwa 20 Minuten grillen, dabei regelmäßig wenden.

3 Die Salbeiblätter entstielen und waschen.

4 Sobald die Auberginen fertig sind, auf jede Scheibe ein Sardellen- filet und ein Salbeiblatt legen, aufrollen und mit einem kleinen Holzspieß verschließen. Die Röllchen einige weitere Minuten grillen, bis sie durch und durch heiß sind.

5 Die gegrillten Auberginenröllchen als Häppchen zum Aperitif servieren.

Gegrillter Mais mit gesalzener Butter

FÜR 4 PERSONEN
VORBEREITUNG: 10 Minuten
GARZEIT: 35 Minuten

- ◆ 100 g Butter
- ◆ grobes Salz
- ◆ 4 Maiskolben
- ◆ 4 Zweige frischer Thymian
- ◆ Salz und Pfeffer

1 Die Butter in der Mikrowelle in 2 Minuten zerlassen und mit grobem Salz würzen.

2 Die Maiskolben mit Salz und Pfeffer würzen, auf den Grill legen und mit den Thymianzweigen bedecken. Die Kolben 35 Minuten grillen; dabei regelmäßig mit der zerlassenen Butter bestreichen und wenden, bis sie von allen Seiten goldbraun sind.

3 Die gegrillten Maiskolben heiß als Beilage oder mit einem grünen Salat als Vorspeise servieren.

Gegrillter Mais mit Currybutter

FÜR 4 PERSONEN
VORBEREITUNG: 10 Minuten
GARZEIT: 35 Minuten

- ◆ 100 g Butter
- ◆ 1 EL Currypulver
- ◆ 1 TL getrocknete Kräuter der Provence
- ◆ 4 Maiskolben
- ◆ Salz und Pfeffer

1 Die Butter in der Mikrowelle zerlassen und mit dem Currypulver und den Kräutern der Provence vermengen. Die Hälfte der Butter im Kühlschrank wieder fest werden lassen.

2 Inzwischen die Maiskolben mit Salz und Pfeffer würzen und von allen Seiten 35 Minuten grillen. Zwischendurch regelmäßig mit der zerlassenen Currybutter bestreichen.

3 Die gegrillten Maiskolben heiß servieren und mit je einem Stückchen der festen Currybutter garnieren.

▶ **TIPP:** Wenn Sie den Mais vor dem Grillen dämpfen, wird er noch zarter und benötigt auf dem Grill weniger Garzeit.

*Achten Sie darauf, den Lauch gründlich unter fließendem kaltem
Wasser zu waschen, um etwaigen Sand wirklich restlos zu entfernen.*

Gegrillter Lauch mit Senfsauce

FÜR 4 PERSONEN
VORBEREITUNG: 15 Minuten
GARZEIT: 35 Minuten

- 4 kleine Lauchstangen
- 1 EL Weinessig
- 4 EL Erdnussöl
- ½ EL Dijonsenf
- Salz und Pfeffer

1 Die Wurzelansätze der Lauchstangen kappen und den dunkelgrünen Teil abschneiden, nur der helle Teil wird verwendet. Die Stangen der Länge nach einschneiden, jedoch nicht gänzlich halbieren und unter fließendem kaltem Wasser gründlich waschen. Anschließend sorgfältig abtrocknen.

2 Den Lauch ohne Zugabe von Fett auf den Rost legen, mit Salz und Pfeffer würzen und 35 Minuten grillen. Regelmäßig wenden.

3 Für die Senfsauce den Weinessig, das Erdnussöl und den Senf verrühren und mit Salz und Pfeffer abschmecken.

4 Den gegrillten Lauch mit der Senfsauce überziehen und servieren.

Um Zeit zu sparen, können Sie die Tomaten auch mit bereits fertig gekauftem Taboulé füllen.

Grilltomaten, gefüllt mit Taboulé

FÜR 4 PERSONEN
VORBEREITUNG: 20 Minuten
GARZEIT: 15 Minuten

- 4 EL Olivenöl
- 1 EL Pinienkerne
- 1 Bund frisches Koriandergrün
- 150 g mittelfeiner Grieß
- 2 EL Rosinen
- 1 TL Tapenade (Olivenpaste)
- 1 TL getrocknete Kräuter der Provence
- 4 mittelgroße Tomaten
- Salz und Pfeffer

1 Für das Taboulé in einer Pfanne einen Esslöffel des Olivenöls erhitzen, die Pinienkerne hineingeben und einige Minuten rösten, bis sie rundherum goldbraun sind. Das Koriandergrün waschen und hacken. Den Grieß und die Rosinen in einer Schüssel vermengen, mit Wasser bedecken und in der Mikrowelle 3 Minuten garen. In einem Sieb abtropfen lassen und in eine Salatschüssel geben. Die Tapenade, die Pinienkerne, die Kräuter der Provence und das Koriandergrün hinzufügen, mit Salz und Pfeffer würzen und alles gründlich durchmischen.

2 Die Tomaten am Stielansatz kappen und das Innere aushöhlen. Mit dem Taboulé füllen und die Deckel wieder aufsetzen.

3 Die gefüllten Tomaten 15 Minuten grillen.

4 Die Grilltomaten mit etwas Olivenöl beträufeln und servieren.

Für dieses Rezept sollten Sie festkochende Kartoffeln verwenden, beispielsweise Charlotte, Roseval oder La Ratte. Die mehligkochenden Sorten sind eher für ein Püree geeignet, zum Grillen sind sie unbrauchbar.

Grillkartoffeln mit Thymian und Lorbeer

FÜR 4 PERSONEN
VORBEREITUNG: 10 Minuten
GARZEIT: 35 Minuten

◆ 20 mittelgroße Kartoffeln, z.B. Charlotte
◆ 4 EL Olivenöl
◆ 5 Zweige Thymian
◆ 8 frische Lorbeerblätter
◆ Salz und Pfeffer

1 Die Kartoffeln waschen und mit der Schale der Länge nach halbieren. Mit dem Olivenöl beträufeln und mit Salz und Pfeffer würzen.

2 Die Kartoffeln mit der Schnittfläche nach unten auf den gut vorgeheizten Grill legen, die Kräuter darüber verteilen und etwa 35 Minuten behutsam grillen, bis sie knusprig braun und durchgegart sind.

3 Die Grillkartoffeln heiß als Beilage zu Fleisch oder gegrillten Würsten servieren.

In der Ascheglut backen: Dies ist eine weitere Möglichkeit, die Kartoffeln zu garen. Die Kartoffeln waschen und einzeln in Alufolie wickeln. Direkt in die Glut legen und etwa 20 Minuten garen (zur Garprobe mit einem spitzen Messer einstechen. Dringt es mühelos ein, sind sie gar). Aus der Folie wickeln, längs halbieren und mit Meersalz bestreuen. Mit einem Stückchen Butter und Schnittlauchröllchen garniert servieren.

Für dieses Rezept können Sie alle kleinen runden Ziegenkäse (wie Crottin oder Cabécou) verwenden.

Mit Ziegenkäse gefüllte Schinkenröllchen mit Rucola

FÜR 4 PERSONEN
VORBEREITUNG: 10 Minuten
MARINIEREN: 10 Minuten
GARZEIT: 10 Minuten

- 4 Scheiben roher Schinken
- 8 kleine Ziegenkäse
- 4 EL Olivenöl
- 200 g Rucola (oder gemischte Blattsalate)
- ½ TL Dijonsenf
- 1 EL Sherryessig
- Salz und Pfeffer

1 Die Schinkenscheiben halbieren und in jede Hälfte einen Ziegenkäse einwickeln. Die Röllchen in eine Schale legen, mit Salz und Pfeffer würzen und mit dem Olivenöl beträufeln; 10 Minuten marinieren.

2 Die Schinkenröllchen auf dem sehr heißen Grill rundherum Farbe nehmen lassen und dann 10 Minuten garen; regelmäßig umdrehen.

3 Sobald der Schinken knusprig und der Käse leicht zerlaufen ist, den Rucola waschen und abtropfen. Aus der verbliebenen Marinade, dem Senf und dem Essig eine Vinaigrette zubereiten und den Salat damit anmachen.

4 Die gefüllten Schinkenröllchen heiß mit dem Salat servieren.

Die Tomatensauce sollte möglichst dickflüssig eingekocht werden,
damit sie beim Garen nicht herausläuft oder den Teig durchweicht.

Pizzatasche mit Tomate

FÜR 4–6 PERSONEN
VORBEREITUNG: 15 Minuten
RUHEN: 10 Minuten
GARZEIT: 25 Minuten +
30 Minuten auf dem Grill

◆ 500 g passierte Tomaten
oder Pizzatomaten aus der
Dose
◆ 5 EL Olivenöl
◆ 1 EL getrocknete Kräuter
der Provence
◆ 250 g Pizzateig
(Fertigprodukt)
◆ 1 Kugel Mozzarella
◆ Salz und Pfeffer

1 Die Tomatensauce in einem kleinen Topf erhitzen, vier Esslöffel des Olivenöls und die Kräuter der Provence unterrühren und bei schwacher Hitze in 25 Minuten auf etwa die Hälfte eindicken lassen; gelegentlich umrühren.

2 Den Pizzateig ausrollen. Die Hälfte des Teigbodens gleichmäßig mit der Tomatensauce bestreichen und mit dem in Scheiben geschnittenen Mozzarella belegen. Salzen und pfeffern und den unbedeckten Teig über die Füllung schlagen, sodass eine Tasche entsteht. Den Rand mit dem Wellholz fest versiegeln und die Pizzatasche 10 Minuten im Kühlschrank ruhen lassen.

3 Die Pizzatasche mit einem Esslöffel Olivenöl bestreichen, auf den Grill legen und 15 Minuten garen. Umdrehen und von der anderen Seite weitere 15 Minuten grillen, bis der Teig rundherum goldbraun und knusprig ist. Vom Grill nehmen.

4 Die Pizzatasche in Stücke schneiden und zum Aperitif servieren.

Frischer Lachs sollte nicht durchgegart werden, sondern in der Mitte noch leicht »rosa« sein, bei geräuchertem Lachs kommt es nicht so darauf an. Diese Minispieße schmecken hervorragend als kleine Appetitanreger zu einem Glas eiskaltem Champagner.

Minispieße mit zweierlei Lachs

FÜR 4 PERSONEN
VORBEREITUNG: 20 Minuten
GARZEIT: 10 Minuten

- 4 Scheiben Räucherlachs
- 4 frische Lachssteaks
- 4 unbehandelte Zitronen
- 1 Zweig Dill
- Saft von 1 Limette
- 4 EL Olivenöl
- Salz und Pfeffer

1 Den Räucherlachs in kleine Stücke, den frischen Lachs in gleichmäßige Würfel schneiden. Die Zitronen zuerst in dünne Scheiben und dann in je vier Stücke schneiden.

2 Die Spieße immer abwechselnd mit einem Stück Räucherlachs, einem Würfel frischem Lachs und einem Zitronenscheibchen bestücken. Rechnen Sie drei oder vier Spieße pro Person. Die Spieße salzen und pfeffern.

3 Eine Vinaigrette zubereiten: Den Dill waschen, hacken und mit dem Limettensaft und dem Olivenöl verrühren.

4 Die Spieße auf dem gut vorgeheizten Grill Farbe nehmen lassen und von jeder Seite 5 Minuten garen.

5 Die Lachsspieße mit der Vinaigrette überziehen und heiß zum Aperitif servieren.

Statt Kirschtomaten können Sie auch große, festfleischige Tomaten verwenden, die Sie in dicke Scheiben schneiden und von beiden Seiten grillen.

Salat mit gegrillten Kirschtomaten und rohem Schinken

FÜR 4 PERSONEN
VORBEREITUNG: 10 Minuten
MARINIEREN: 5 Minuten
GARZEIT: 20 Minuten

- 20 Kirschtomaten
- 2 EL Balsamico
- 4 EL Olivenöl
- 4 Scheiben roher Schinken
- Frisch gemahlener Pfeffer

1 Die Tomaten waschen (die Stielansätze dranlassen) und abtrocknen. In einer Schüssel mit dem Balsamico und dem Olivenöl vermengen und 5 Minuten marinieren.

2 Die Schinkenscheiben auf den Rost legen und von jeder Seite 5 Minuten grillen. Warm stellen.

3 Die Kirschtomaten auf den Grill legen und ebenfalls 5 Minuten von jeder Seite garen.

4 Den Schinken und die gegrillten Tomaten auf Einzeltellern anrichten, mit der Marinade überziehen und mit Pfeffer würzen.

5 Den Salat warm mit geröstetem Brot servieren.

Anstelle von Speck können Sie für dieses Rezept auch zu rohem Schinken greifen und der Crottin de Chavignol lässt sich durch jeden anderen kleinen, würzigen Ziegenkäse ersetzen.

Gegrillter Ziegenkäse mit Räucherspeck

FÜR 4 PERSONEN
VORBEREITUNG: 15 Minuten
GARZEIT: 10–15 Minuten

- 1 Zweig frischer Rosmarin
- 4 Crottins de Chavignol (oder andere kleine, würzige Ziegenkäse)
- 8 dünne Scheiben geräucherter Speck
- 2 EL Olivenöl
- Salz und Pfeffer

1 Den Rosmarin abzupfen und hacken. Die Ziegenkäse mit Salz und Pfeffer würzen (falls sie nicht bereits würzig genug sind) und über Kreuz mit je zwei Scheiben Speck umwickeln.

2 Die Käsepaketchen auf den Rost legen und bei schwacher Hitze von jeder Seite 5–7 Minuten grillen.

3 Sobald der Speck gut gebräunt ist und der Käse weich zu werden beginnt, auf Einzeltellern anrichten, mit etwas Olivenöl beträufeln und mit dem gehackten Rosmarin bestreuen.

4 Die gegrillten Ziegenkäse heiß mit einem grünen Salat servieren.

Wählen Sie für dieses Rezept in Holzschachteln verpackten Camembert. Pappschachteln würden das Aroma des Käses beim Garen beeinträchtigen.

In der Schachtel gegarter Camembert

FÜR 4 PERSONEN
VORBEREITUNG: 5 Minuten
GARZEIT: 10–15 Minuten

- 2 Rohmilch-Camemberts
- 1 EL Rosinen (nach Belieben)
- 1 EL Calvados (nach Belieben)

1 Die Camemberts aus dem Papier wickeln und zurück in ihre Holzschachteln legen. Auf dem Grill bei starker Hitze 10 Minuten garen, jedoch ausreichend Abstand zur Glut halten, damit der Käse nicht zu schnell schmilzt.

2 Die Camemberts in der Schachtel mit Grillkartoffeln (siehe Seite 44) servieren.

▶ **ABWANDLUNG:** Sie können die Camemberts auch mit Rosinen und Calvados füllen. Dazu die Käse waagerecht halbieren und die Rosinen und den Calvados in der Mitte verteilen. Die Hälften wieder übereinanderlegen, leicht andrücken und zurück in die Schachteln legen. Wie beschrieben grillen und mit Apfel- oder Birnenscheiben oder mit einem grünen Salat als Käsegang servieren. Mit einem Glas Weißwein oder Cidre und frischem Baguette zum Einstippen schmeckt dieser Camembert auch hervorragend als kleine Vorspeise zum Aperitif.

Fleisch & Geflügel

Gönnen Sie sich gutes Fleisch, am besten von einem Metzger Ihres Vertrauens und in jedem Fall von einer Fleischrindrasse (Limousin, Charolais ...) und nicht von einer Milchkuh.

Rinderkotelett mit grobem Salz und Knoblauch

FÜR 4 PERSONEN
VORBEREITUNG: 15 Minuten
MARINIEREN: 2 Stunden
GARZEIT: 40 Minuten

◆ 1 großes Rinderkotelett
(Hohe Rippe) von etwa 1,5 kg
(8-10 cm dick)

◆ 2 EL grobes Meersalz

◆ 4 EL Olivenöl

◆ 1 TL grob zerstoßener
Pfeffer

◆ 5 Lorbeerblätter

◆ 15 rosa Knoblauchzehen

1 Das Kotelett von überschüssigem Fett befreien und in ein großes Steingutgefäß legen. Das Salz, das Olivenöl, den Pfeffer und die Lorbeerblätter darüber verteilen und die Mischung mit der Hand gründlich in das Fleisch einreiben. Bei Raumtemperatur 2 Stunden einwirken lassen.

2 Die Knoblauchzehen trennen und ungeschält auf dem Grill 10 Minuten rösten. Etwas abkühlen lassen, schälen und beiseitelegen.

3 Das Rinderkotelett auf den gut vorgeheizten Grill legen und von jeder Seite 12 Minuten grillen. Die Knoblauchzehen auf das Fleisch legen und mit einer Gabel leicht zerdrücken. Das Kotelett vor dem Servieren 5 Minuten ruhen lassen.

4 Das Fleisch tranchieren und heiß servieren. Dazu passen in der Glut gegarte Folienkartoffeln.

Bitten Sie Ihren Metzger, dicke Scheiben aus dem Rinderfilet zu schneiden, die Sie am besten vor dem Grillen mit Speck umwickeln.

Marinierte Filetsteaks

FÜR 4 PERSONEN
VORBEREITUNG: 15 Minuten
MARINIEREN: 30 Minuten
GARZEIT: 10 Minuten

- ½ TL gemahlener Kreuzkümmel
- ½ TL Currypulver
- ½ TL Paprikapulver
- 4 Rinderfiletsteaks
- 5 EL Olivenöl
- 4 Scheiben fetter Speck (nach Belieben)
- Salz und Pfeffer

1 Den Kreuzkümmel, den Curry und den Paprika vermengen. Die Filetsteaks von beiden Seiten mit der Mischung würzen und in eine große Schale legen. Mit dem Olivenöl übergießen, salzen und pfeffern und 30 Minuten bei Raumtemperatur marinieren.

2 Die Steaks abtropfen, nach Belieben mit dünnen Scheiben fettem Speck umwickeln und mit Küchengarn verschnüren. Auf den Rost legen und von jeder Seite 5 Minuten oder bis zum gewünschten Gargrad grillen.

3 Die gegrillten Filetsteaks vor dem Servieren 3 Minuten ruhen lassen.

Zur Abwechslung können Sie das Fleisch auch in eine Tomatenmarinade einlegen (siehe Seite 10) – eine ebenso schmackhafte Variante.

Rinderspieße mit Paprika und Chili

FÜR 4 PERSONEN
VORBEREITUNG: 30 Minuten
GARZEIT: 10 Minuten

- 2 rote Paprikaschoten
- 800 g Rinderhüftsteaks
- 3 EL Sonnenblumenöl
- ½ TL Chilipulver
- Salz und Pfeffer

1 Die Paprikaschoten und das Fleisch in gleich große Würfel schneiden und immer abwechselnd auf Spieße stecken (Holzspieße eventuell vorher wässern, damit sie nicht verbrennen). Das Sonnenblumenöl mit dem Chilipulver verrühren, die Spieße mit der Mischung einreiben und mit Salz und Pfeffer würzen.

2 Die Rinderspieße auf den Rost legen und von jeder Seite 5 Minuten grillen.

3 Sobald das Fleisch gar, aber noch saftig und das Gemüse knackig ist, die Spieße als Hauptgang oder mit einem kräftigen Rotwein oder Bier als Vorspeise servieren.

Rinderspieße mit Paprika und Sojasauce

FÜR 4 PERSONEN
VORBEREITUNG: 30 Minuten
MARINIEREN: 3 Stunden
GARZEIT: 15 Minuten

- 2 rote Paprikaschoten
- 800 g Rinderhüfte, von Fett befreit
- 1 EL Rohzucker
- 5 EL Sojasauce
- Salz und Pfeffer

1 Die Paprikaschoten in kleine Quadrate, das Fleisch in zwei Zenti-meter große Würfel schneiden und immer abwechselnd auf Spieße stecken (Holzspieße zuvor wässern, damit sie nicht verbrennen).

2 Die Spieße auf eine Platte legen und mit dem Zucker sowie Salz und Pfeffer würzen. Mit der Sojasauce übergießen und 3 Stunden im Kühlschrank marinieren. Ab und zu mit der Marinade überziehen.

3 Die Spieße abtropfen, auf den Rost legen und insgesamt 15 Minuten grillen; regelmäßig wenden. Heiß mit einem Kartoffelpüree servieren.

Für nur zwei oder drei Personen nehmen Sie besser Kalbskotelett. Bitten Sie Ihren Metzger, ein extragroßes Stück zu schneiden und sauber zu parieren. Die Garzeit ist identisch.

Rinderkotelett mit Kirschtomaten und Kräutern der Provence

FÜR 4–6 PERSONEN
VORBEREITUNG: 10 Minuten
MARINADE: 30 Minuten
GARZEIT: 25 Minuten

- 10 Kirschtomaten
- 2 Zweige Rosmarin
- 2 Zweige Thymian
- 1 großes Rinderkotelett (Hohe Rippe) von etwa 1,5 kg (8–10 cm dick)
- 1 EL Salzblüte (*fleur de sel*)
- 1 EL Kräuter der Provence
- 4 EL Olivenöl
- Pfeffer

1 Die Kirschtomaten halbieren, den Rosmarin und den Thymian grob hacken.

2 Das Rinderkotelett in eine große Schale legen und mit der Salzblüte und den Kräutern der Provence bestreuen. Das Olivenöl, die frisch gehackten Kräutern und den Pfeffer darüber verteilen und sämtliche Gewürze mit den Fingern 2–3 Minuten in das Fleisch einreiben. Bei Raumtemperatur 30 Minuten marinieren.

3 Das Kotelett abtropfen, auf den gut vorgeheizten Grill legen und von jeder Seite 12 Minuten grillen.

4 Das fertig gegrillte Fleisch mit den Tomatenhälften garnieren und auf einem großen Teller 5 Minuten ruhen lassen. Das Kotelett tranchieren und servieren.

Achten Sie darauf, sämtliche Zutaten für das Tatar gut zu vermengen und sorgfältig abzuschmecken. Sie können die Garzeit auch auf wenige Minuten verkürzen, weniger durchgegart sind die Steaks ebenfalls ein Genuss.

Steak Tatar vom Grill

FÜR 4 PERSONEN
VORBEREITUNG: 25 Minuten
GARZEIT: 20 Minuten

- 2 Knoblauchzehen
- 3 Schalotten
- 10 Kirschtomaten
- 15 Cornichons
- 800 g Rinderhackfleisch
- 3 EL Ketchup
- 1 EL scharfer Senf
- 1 TL Chiliöl
- 2 EL kleine Kapern
- Salz und Pfeffer

1 Den Knoblauch und die Schalotten schälen und hacken, die Kirschtomaten halbieren oder vierteln. Die Cornichons fein hacken.

2 Sämtliche Zutaten mit Ausnahme der Tomaten in eine große Schüssel geben und sorgfältig zu einer homogenen Masse vermengen. Mit Salz und Pfeffer abschmecken.

3 Aus Alufolie acht Quadrate von etwa zwölf Zentimeter Kantenlänge schneiden. Das Tatar gleichmäßig darauf verteilen und die Ränder der Folie rundherum hochschlagen. Die Steaks auf den Grill legen und 20 Minuten garen.

4 Sobald das Fleisch gar ist, pro Person zwei Steaks auf Einzeltellern anrichten, mit den Tomaten garnieren und servieren. Dazu passen Pommes frites.

Pikante Fleischbällchen

FÜR 4 PERSONEN
VORBEREITUNG: 35 Minuten
KÜHLEN: 30 Minuten
GARZEIT: 20 Minuten

- 200 g Hähnchenbrustfilet
- 300 g Rinderhackfleisch
- 1 Ei
- 1 EL Currypulver
- 1 EL Kreuzkümmel
- ½ TL Kräuter der Provence, zerstoßen
- 200 g Mehl
- Salz und Pfeffer

1 Die Hähnchenbrust in kleine Würfel schneiden und mit dem Hackfleisch und dem Ei in die Küchenmaschine geben. Den Curry, den Kreuzkümmel und die Kräuter der Provence zufügen, mit Salz und Pfeffer würzen und in einigen Minuten zu einer glatten Farce verarbeiten.

2 Aus der Farce kleine Bällchen formen, diese mit Mehl bestäuben und für 30 Minuten kalt stellen.

3 Die Fleischbällchen auf den Rost legen und 20 Minuten von allen Seiten grillen, bis sie rundherum goldbraun und durchgegart sind.

Zucchini-Hackfleisch-Spieße

FÜR 4 PERSONEN
VORBEREITUNG: 15 Minuten
KÜHLEN: 30 Minuten
GARZEIT: 30 Minuten

- 2 Zweige Rosmarin
- 200 g Wurstbrät (aus magerem Schweinehack und Speck)
- 800 g Rinderhackfleisch
- 1 Ei
- 2 Knoblauchzehen, gehackt
- 1 Zwiebel, gehackt
- 3 Zucchini
- 5 EL Olivenöl
- Salz und Pfeffer

1 Den Rosmarin abzupfen und hacken. Das Brät, das Hackfleisch, das Ei, den Rosmarin, den Knoblauch und die Zwiebel gründlich vermengen und mit Salz und Pfeffer würzen. Für 30 Minuten kalt stellen.

2 Aus der Fleischmasse mit den Händen kleine Bällchen formen (rechnen Sie sechs Stück pro Person). Die Zucchini in Würfel schneiden. Insgesamt acht Spieße abwechselnd mit je drei Fleischbällchen und drei Zucchiniwürfeln bestücken, mit dem Olivenöl beträufeln und mit Salz und Pfeffer würzen.

3 Die Hackspieße auf den Rost legen und unter gelegentlichem Wenden 15 Minuten grillen.

Falls Sie keine frischen Pfefferzweige bekommen (Sie finden sie gele-gentlich im asiatischen Lebensmittelhandel), wenden Sie das Fleisch in geschrotetem Pfeffer, der in jedem Supermarkt erhältlich ist.

Rinderbraten vom Grill mit frischem Pfeffer

FÜR 4–6 PERSONEN
VORBEREITUNG: 10 Minuten
GARZEIT: 20 Minuten

◆ 1 kleiner Rinderbraten von 900 g (z.B. Roastbeef, Lende oder Hüfte)
◆ 1 EL scharfer Dijonsenf
◆ 4 frische Pfefferzweige
◆ 2 Zweige Rosmarin
◆ 2 Zweige Thymian
◆ 4 frische Lorbeerblätter
◆ Salz und Pfeffer

1 Den Rinderbraten mit dem Senf bestreichen, den Pfeffer, die Kräuterzweige und die Lorbeerblätter auflegen und das Ganze mit Küchengarn verschnüren.

2 Das Fleisch auf den sehr heißen Grill legen und von jeder Seite 10 Minuten grillen.

3 Sobald das Fleisch außen rundherum gut gebräunt, im Kern aber noch blutig ist, auf einen Teller legen und vor dem Anschneiden 5 Minuten ruhen lassen; zwischendurch einmal wenden.

4 Das Fleisch in Scheiben schneiden und mit in der Glut gebackenen Folienkartoffeln servieren.

Dieses Rezept lässt sich auch mit Fourme d'Ambert, Bleu de Bresse oder einem nicht zu weichen Gorgonzola zubereiten.

Gegrillte Rindsrouladen mit Roquefort

FÜR 4 PERSONEN
VORBEREITUNG: 15 Minuten
GARZEIT: 10 Minuten

◆ 200 g Roquefort
◆ 4 dünne Rindersteaks aus der Dünnung (siehe Anmerkung)
◆ 1 EL Sonnenblumenöl
◆ Salz und Pfeffer

1 Den Roquefort in acht gleich große Stücke schneiden, die Rindfleischscheiben halbieren und mit Salz und Pfeffer würzen. In die Mitte jeder Scheibe ein Stück Roquefort legen. Aufrollen, mit kleinen Holzspießen verschließen und mit dem Sonnenblumenöl beträufeln.

2 Die Rouladen auf den gut vorgeheizten Grill legen und 10 Minuten von allen Seiten grillen, bis sie rundherum kräftig gebräunt sind.

3 Je nach Geschmack mit Pfeffer nachwürzen und sofort servieren. Als Beilage bietet sich ein grüner Salat mit Walnussöl an, das besonders gut zu dem Roquefort passt. Bratkartoffeln sind eine ebenso schmackhafte Option.

▸ **ANMERKUNG:** In Frankreich verwendet man für dieses Rezept gern *bavette*, ein saftiges Stück aus dem mittleren Bauchlappen, das ausgezeichnete Steaks liefert. Sie können natürlich auch zu dünn geschnittenem, gut marmoriertem Steakfleisch aus anderen Teilstücken greifen.

Zur geschmacklichen Abwechslung können Sie das Fleisch statt mit Auberginencreme auch mit einer Tapenade (Olivenpaste) oder mit Sardellenpaste bestreichen. In diesem Fall sollten Sie die Menge aber etwas reduzieren.

Rindersteaks mit Auberginen

FÜR 4 PERSONEN
VORBEREITUNG: 20 Minuten
GARZEIT: 35 Minuten

♦ 1 Aubergine
♦ 6 EL Olivenöl
♦ 4 Rindersteaks aus dem flachen Roastbeef von je etwa 250 g
♦ 4 EL Auberginencreme (Fertigprodukt)
♦ Salz und Pfeffer

1 Die Aubergine von den Stielansätzen befreien und in dünne Scheiben schneiden. Mit dem Olivenöl beträufeln und von jeder Seite 10–12 Minuten grillen. Salzen, pfeffern und auf einem Teller beiseitestellen.

2 Die Steaks auf den gut vorgeheizten Grill legen und bei starker Hitze 5 Minuten grillen. Umdrehen, mit der Auberginencreme bestreichen und weitere 5 Minuten garen.

3 Die Steaks auf einer großen Servierplatte anrichten, mit den gegrillten Auberginen garnieren und servieren.

Dazu passen am besten einfache, frische und leichte Beilagen wie ein Tomatensalat oder Taboulé.

Fragen Sie Ihren Metzger nach Steaks aus der Oberschale, der Hüfte oder der Dünnung.

Steaks auf griechische Art

FÜR 4 PERSONEN
VORBEREITUNG: 20 Minuten
GARZEIT: 10 Minuten

- 1 rote Zwiebel
- 10 Kirschtomaten
- 200 g Schafskäse
- 1 Orange
- 1 TL getrockneter Oregano
- 4 EL Olivenöl
- 4 Rindersteaks
- 2 EL Sonnenblumenöl
- Salz und Pfeffer

1 Eine Orangen-Salsa zubereiten: Die rote Zwiebel schälen und hacken. Die Kirschtomaten halbieren, den Schafskäse grob würfeln. Die Orange schälen und auch die weiße Haut entfernen, die Fruchtfilets auslösen und in Stücke schneiden. In einer Schüssel die Zwiebeln, die Orangenstücke, den Schafskäse, die Tomaten und den Oregano vermengen. Mit Salz und Pfeffer würzen und das Olivenöl untermengen.

2 Die Steaks mit dem Sonnenblumenöl einreiben, salzen und pfeffern und von jeder Seite 5 Minuten grillen.

3 Die Steaks auf einer Platte anrichten, mit der Orangen-Salsa garnieren und servieren.

Reichen Sie dazu ein Zucchini-Gratin, ein Auberginenpüree oder einen Salat aus gegrillten Paprikaschoten (siehe Seite 34).

*Wenn es besonders schnell gehen soll, ersetzen Sie das Avocado-
püree einfach durch fertig gekaufte Guacamole und die Salsa durch
ein entsprechendes Fertigprodukt.*

Schweinekoteletts auf mexikanische Art

FÜR 4 PERSONEN
VORBEREITUNG: 25 Minuten
GARZEIT: 20 + 30 Minuten

- 2 Avocados
- Saft von 1 Limette
- 2 EL Olivenöl
- 4 große Tomaten
- 1 rote Zwiebel
- ½ grüne Paprikaschote
- 5 EL Olivenöl
- ¼ TL rote Chilipaste
- 4 Schweinenackenkoteletts
- Einige Maistortillas
- Salz und Pfeffer

1 Für das Avocadopüree die Avocados schälen und das Fruchtfleisch mit dem Limettensaft, dem Olivenöl sowie etwas Salz und Pfeffer im Mixer zu einem glatten, cremigen Püree verarbeiten.

2 Für die Salsa die Tomaten halbieren und 20 Minuten auf dem Grill rösten. Mit der roten Zwiebel und der halben Paprikaschote im Mixer hacken. Das Olivenöl und die Chilipaste zugeben, mit Salz und Pfeffer würzen und sorgfältig vermengen.

3 Die Koteletts salzen, pfeffern und von jeder Seite 15 Minuten grillen, bis sie kräftig gebräunt und durchgegart sind.

4 Das Fleisch, sobald es goldbraun und knusprig ist, in kleine Stücke schneiden (Knochen oder Knorpel sorgfältig entfernen). Mit der Salsa, dem Auberginenpüree und den Maistortillas anrichten und servieren.

Fragen Sie Ihren Metzger nach dicken Koteletts aus dem klassischen Kotelettstück (Karree)

Schweinekoteletts mit süßsaurer Sauce

FÜR 4 PERSONEN
VORBEREITUNG: 25 Minuten
GARZEIT: 30 Minuten

- 2 Schalotten
- 1 Knoblauchzehe
- 2 Scheiben Ananas aus der Dose
- 4 EL Ketchup
- 1 EL Cidreessig
- 4 dicke Schweinekoteletts aus dem Kotelettstück
- Salz und Pfeffer

1 Für die süßsaure Sauce die Schalotten und den Knoblauch schälen und mit den Ananasscheiben im Mixer pürieren. Das Ketchup und den Essig zugeben und noch einmal mixen, bis eine dicke, glatte Sauce entstanden ist.

2 Die Schweinekoteletts auf den Rost legen und bei milder Hitze von jeder Seite 15 Minuten grillen. Währenddessen das Fleisch beständig mit der süßsauren Sauce bestreichen.

3 Die Koteletts, sobald sie gar und mit einer knusprigen Kruste überzogen sind, vom Grill nehmen und mit Salz und Pfeffer würzen. Die restliche Sauce separat dazu reichen.

Probieren Sie dieses Rezept zur Abwechslung auch mal mit einer Marinade, z.B. mit der Currymarinade auf Seite 15 und servieren Sie passend zu dem asiatischen Touch eine Schüssel Reis.

Dieses Rezept ist auch für Fisch geeignet, z.B. Seeteufel.
Die restlichen Zutaten und die Garzeit sind identisch.

Schweinefilet mit Senf im Schinkenmantel

FÜR 4–6 PERSONEN
VORBEREITUNG: 15 Minuten
GARZEIT: 25–30 Minuten

+ 1 großes Schweine-
filet, pariert
+ 4 EL scharfer Dijonsenf
+ 10 dünne Scheiben luft-
getrockneter Schinken
+ Salz und Pfeffer

1 Das Schweinefilet mit Salz und Pfeffer würzen und rundherum dick mit Senf bestreichen. Das Fleisch leicht überlappend mit den Schinkenscheiben umwickeln und mit Küchengarn verschnüren.

2 Das Filet auf den Rost legen und 25–30 Minuten grillen; ab und zu wenden.

3 Das gegrillte Schweinefilet einige Minuten ruhen lassen, in Scheiben schneiden und heiß servieren.

Dieses Gericht schmeckt hervorragend mit Merguez (dünne Paprika-Bratwürste aus Rind- und Lammfleisch), ist aber auch mit Chipolatas oder anderen würzigen Bratwürsten ein Hochgenuss.

Wurstspieße mit Back-pflaumen und Kreuzkümmel

FÜR 4 PERSONEN
VORBEREITUNG: 20 Minuten
GARZEIT: 20 Minuten

- 8 Merguez (oder andere würzige Bratwürste)
- 24 entsteinte Backpflaumen
- ½ TL gemahlener Kreuzkümmel
- 1 TL getrockneter Thymian
- Salz und Pfeffer

1 Die Merguez in je drei gleich große Stücke schneiden und immer abwechselnd mit den Backpflaumen auf acht Spieße stecken (drei Pflaumen pro Spieß; Holzspieße zuvor wässern, damit sie nicht verbrennen). Die Spieße mit Salz, Pfeffer und dem Kreuzkümmel würzen.

2 Die Wurstspieße auf den Rost legen und von jeder Seite 10 Minuten grillen.

3 Die Spieße mit dem Thymian bestreuen und mit einem Glas eisgekühlten Rosé als Vorspeise servieren.

Als Beilage zu diesen Spießen bietet sich ein warmer Couscous oder, wenn Sie es etwas frischer bevorzugen, ein Taboulé an.

Frischer Schweinebauch, auf diese Weise zubereitet, ist ebenfalls ein Hochgenuss, allerdings sollte man das Fleisch vor dem Grillen eine Stunde in Salzwasser garen. Anschließend einfach der Rezeptanleitung folgen.

In Soja und Limettensaft marinierte Rippchen

FÜR 4 PERSONEN
VORBEREITUNG: 20 Minuten
MARINIEREN: 1 Stunde
GARZEIT: 50 Minuten

◆ 4 mittelgroße Schweine-
rippchen
◆ 4 Knoblauchzehen
◆ 2 EL Rohzucker
◆ 6 EL Sojasauce
◆ Saft von 2 Limetten
◆ Salz und Pfeffer

1 Die Rippchen sorgfältig von überschüssigem Fett befreien, mit Salz und Pfeffer würzen und in ein großes Gefäß legen. Die Knoblauchzehen schälen und hacken. Mit dem Rohzucker, der Sojasauce und dem Limettensaft mischen und über dem Fleisch verteilen. Das Fleisch 1 Stunde marinieren.

2 Die Rippchen abtropfen und von allen Seiten etwa 50 Minuten grillen. Dabei immer wieder mit der Marinade überziehen.

3 Die Rippchen mit Kartoffelchips oder Pommes frites servieren und mit den Fingern genießen.

Als Alternative können Sie die Rippchen auch in einer Honig-Thymian-Marinade einlegen (siehe Seite 13).

Probieren Sie bei diesem Rezept ruhig auch andere Senfsorten aus –
grünen Estragonsenf, violetten Senf, körnigen Senf ...

Gegrillte Andouillettes mit Dijonsenf

FÜR 4 PERSONEN
VORBEREITUNG: 10 Minuten
GARZEIT: 40 Minuten

◆ 4 große Andouillettes
(frz. Kuttelwürste)
◆ 4 EL Dijonsenf
◆ 2 Zweige Thymian
◆ 2 Zweige Rosmarin
◆ Salz und Pfeffer

1 Die Andouillettes mit dem Senf bestreichen. Die Würste bei milder Hitze 40 Minuten behutsam grillen und regelmäßig wenden.

2 Den Thymian und den Rosmarin abzupfen und mit dem Messer hacken.

3 Die knusprig gebräunten Würste mit Salz und Pfeffer würzen und mit den gehackten Kräutern bestreuen. Heiß mit einem grünen Salat servieren.

Versuchen Sie es auch mit anderen Gewürzen, beispielsweise mit einer Mischung aus Salzblüte und Kräutern der Provence (siehe Seite 21).

Nehmen Sie für dieses Rezept eine japanische Sojasauce, die feiner und weniger salzig ist als Saucen anderer Herkunft.

Gegrilltes Schweinefleisch auf asiatische Art

FÜR 4 PERSONEN
VORBEREITUNG: 15 Minuten
GARZEIT: 40 Minuten

♦ 6 EL Barbecue-Sauce
♦ 1 EL Sesamöl
♦ 4 EL Sojasauce
♦ 1 TL Fünf-Gewürze-Pulver (Asia-Laden)
♦ 800 g Schweinerücken aus dem Kotelettstrang
♦ Salz und Pfeffer

1 Die Barbecue-Sauce mit dem Sesamöl, der Sojasauce und dem Fünf-Gewürze-Pulver verrühren.

2 Das Schweinefleisch in vier dicke Stücke schneiden, mit Salz und Pfeffer würzen und ohne Fettzugabe auf den Grill legen.

3 Das Fleisch mithilfe eines Pinsels beständig mit der Sauce bestreichen und bei milder Hitze von jeder Seite 20 Minuten grillen. Es sollte am Ende ganz zart und mit einer leicht karamellisierten Glasur überzogen sein.

4 Das Fleisch vom Grill nehmen und zum Portionieren in Stücke schneiden.

5 Mit der restlichen Sauce und einem Kartoffelpüree servieren.

Dieses Rezept lässt sich mit einer indischen Joghurtmarinade (siehe Seite 14) abwandeln, ohne den asiatischen Anstrich einzubüßen.

Sie können zusätzlich einen kleinen Klecks Olivenpaste (Tapenade)
auf die Kalbsnüsschen geben, bevor Sie sie mit den Sardellen und
den getrockneten Tomaten belegen.

Kalbsnüsschen mit Sardellen und getrockneten Tomaten

FÜR 4 PERSONEN
VORBEREITUNG: 15 Minuten
GARZEIT: 15 Minuten

- 8 getrocknete Tomaten
- 8 kleine, dicke Kalbs-
nüsschen (Filet, Ober- oder
Unterschale)
- 4 EL Olivenöl
- 8 Sardellenfilets
- Salz und Pfeffer

1 Die getrockneten Tomaten in je drei Stücke schneiden.

2 Die Kalbsnüsschen mit Salz und Pfeffer würzen und für 2 Minuten in das Olivenöl einlegen. Abtropfen, auf den Rost legen und von jeder Seite 7–8 Minuten grillen.

3 Die gegrillten und gut gebräunten Nüsschen mit je einem Sardellen-filet und drei Tomatenstücken garnieren und servieren.

Servieren Sie als Beilage zu den Nüsschen eine Zucchinipfanne mit Knoblauch oder einfache Quetschkartoffeln.

Marinierte Kalbskoteletts mit Salbei

FÜR 4 PERSONEN
VORBEREITUNG: 15 Minuten
MARINIEREN: 2 Stunden
GARZEIT: 20 Minuten

- ◆ 12 frische Salbeiblätter
- ◆ 2 unbehandelte Limetten
- ◆ 4 EL Olivenöl
- ◆ 4 dicke Kalbskoteletts
- ◆ Salz und Pfeffer

1 Den Salbei waschen und hacken. Die Schale der Limetten abreiben, den Saft der Früchte auspressen und alles in einer Schale mit dem Olivenöl vermengen. Die Kalbskoteletts mit Salz und Pfeffer würzen, in die Mischung einlegen und bei Raumtemperatur 2 Stunden marinieren.

2 Die Koteletts abtropfen, auf den sehr heißen Grill legen und von jeder Seite 10 Minuten grillen.

3 Das Fleisch anrichten, mit der verbliebenen Marinade überziehen und heiß servieren.

Kalbskoteletts mit Chili und Kreuzkümmel

FÜR 4 PERSONEN
VORBEREITUNG: 5 Minuten
GARZEIT: 20 Minuten

- ◆ ½ TL Chilipulver
- ◆ 1 TL gemahlener Kreuzkümmel
- ◆ 4 EL Erdnussöl
- ◆ 4 dicke Kalbskoteletts
- ◆ Salz und Pfeffer

1 In einer Schale das Chilipulver, den Kreuzkümmel und das Erdnussöl verrühren. Die Koteletts mit der Mischung einreiben und mit Salz und Pfeffer würzen.

2 Das Fleisch auf den gut vorgeheizten Grill legen und von jeder Seite 10 Minuten grillen.

3 Die Kalbskoteletts heiß servieren. Dazu passen Pellkartoffeln.

Probieren Sie dieses Rezept zur Abwechslung auch mal mit Lammfleisch, vorzugsweise aus der Schulter, oder mit sorgfältig entfetteter Entenbrust.

Kalbsspieße mit Zitrusfrüchten

FÜR 4 PERSONEN
VORBEREITUNG: 30 Minuten
GARZEIT: 20 Minuten

⬩ 800 g Kalbsnuss
⬩ 2 Zweige Basilikum
⬩ 2 unbehandelte Orangen
⬩ 2 unbehandelte Limetten
⬩ 12 frische Lorbeerblätter
⬩ Salz und Pfeffer

1 Die Kalbsnuss in gleichmäßige kleine Würfel schneiden. Das Basilikum abzupfen, die Orangen und die Limetten in kleine Stücke schneiden. Die Fleischwürfel immer im Wechsel mit den Zitrusfrüchten, den Lorbeer- und den Basilikumblättern auf vier Spieße stecken.

2 Die Spieße auf den Rost legen und bei starker Hitze von jeder Seite 10 Minuten grillen.

3 Die gut gebräunten Kalbsspieße mit Salz und Pfeffer würzen und sofort servieren. Dazu schmeckt Taboulé oder ein einfacher Couscous.

Dieses Rezept lässt sich auf vielfache Weise abwandeln, sei es als kleine Geflügelrouladen, gefüllt mit Stücken einer würzigen Bratwurst oder auch mit Hähnchenflügeln.

Marinierte Kalbsrouladen mit Safran-Aioli

FÜR 4 PERSONEN
VORBEREITUNG: 30 Minuten
MARINIEREN: 2 Stunden
GARZEIT: 40 Minuten

- 8 Kalbsrouladen (siehe Anmerkung)
- 10 Safranfäden, plus 5 Fäden für das Aioli
- Saft von 2 Orangen
- 6 EL Sonnenblumenöl
- 3 EL Aioli (siehe Anmerkung)
- Salz und Pfeffer

1 Die Kalbsrouladen in eine große Schale legen und mit Salz und Pfeffer würzen. Die zehn Safranfäden, den Orangensaft und das Sonnenblumenöl zugeben, das Fleisch in der Mischung wenden und bei Raumtemperatur 2 Stunden marinieren.

2 Die Kalbsrouladen abtropfen und auf dem gut vorgeheizten Grill rundherum 40 Minuten grillen; regelmäßig umdrehen.

3 Die verbliebenen fünf Safranfäden unter das Aioli rühren.

4 Die Kalbsrouladen, sobald sie kräftig gebräunt und knusprig sind, mit der restlichen Marinade überziehen und mit dem Safran-Aioli servieren.

▸ **ANMERKUNG:** Falls Sie keine fertigen Kalbsrouladen bekommen, nehmen Sie kleine Kalbsschnitzel von etwa 120 g, die Sie flach klopfen, nach Belieben füllen (z.B. mit Schinken und Perlzwiebeln), aufrollen und mit Küchengarn verschnüren.

Für das Aioli (Knoblauchmayonnaise) rühren Sie einfach durchgepresste Knoblauchzehen – je nach persönlicher Schmerzgrenze mehr oder weniger – unter eine Mayonnaise.

Anstelle von Pesto können Sie auch getrocknete Tomaten mit etwas Olivenöl im Mixer pürieren, eine Variante, die ebenfalls sehr gut mit Kalbsfilet harmoniert.

Kalbsfilet mit Pesto

FÜR 4–6 PERSONEN
VORBEREITUNG: 15 Minuten
GARZEIT: 30 Minuten

◆ 1 dickes Stück Kalbsfilet von etwa 800 g, vollständig von Fett befreit
◆ 1 EL Olivenöl
◆ 4 EL Pesto
◆ 2 EL geriebener Parmesan
◆ Salz und Pfeffer

1 Das Kalbsfilet mit dem Olivenöl einreiben und mit Salz und Pfeffer würzen.

2 Das Fleisch 30 Minuten grillen, dabei regelmäßig wenden, bis es von allen Seiten kräftig gebräunt ist.

3 Das Filet etwa 10 Minuten ruhen lassen, anschließend mit dem Pesto bestreichen und mit dem Parmesan bestreuen.

4 Das Fleisch in Scheiben schneiden und mit in etwas Olivenöl geschwenkter Pasta servieren.

Als Beilage können Sie einen Couscous mit Rosinen und Pinienkernen servieren, der ausgezeichnet zu dem Pesto passt; oder auch frischen Spinat, den Sie in etwas Öl schwenken, mit Salz und Pfeffer würzen und zuletzt mit geriebenem Parmesan abrunden. Rechnen Sie mindestens 60 g Spinat pro Person.

Wenn Sie mögen, können Sie den grünen Senf auch durch körnigen
Senf ersetzen; der klassische Dijonsenf ist dagegen etwas zu kräftig.

Lammkoteletts mit grünem Senf

FÜR 4 PERSONEN
VORBEREITUNG: 15 Minuten
GARZEIT: 10 Minuten

- 16 Lammkoteletts
- 4 TL grüner Senf mit Estragon
- 4 Zweige Estragon

1 Die Koteletts von einem Teil ihres Fettes befreien, mit dem grünen Senf bestreichen und mit Salz und Pfeffer würzen.

2 Auf den sehr heißen Rost legen und von jeder Seite 5 Minuten grillen. Die Koteletts auf keinen Fall übergaren.

3 Den Estragon waschen, abzupfen und grob hacken. Die gegrillten Lammkoteletts damit bestreuen und genießen.

Zu diesen Koteletts schmecken Bratkartoffeln oder auch ein Rucolasalat, wenn Sie eine leicht pfeffrige Note mögen.

Lammrouladen mit Kreuzkümmel und Harissa

FÜR 4 PERSONEN
VORBEREITUNG: 20 Minuten
GARZEIT: 25 Minuten

- 4 dünne Scheiben aus der Lammkeule
- 1 EL *harissa* (scharfe Gewürzpaste aus Tunesien)
- 1 EL Kreuzkümmelsamen
- 4 Zweige frischer Thymian
- Salz und Pfeffer

1 Die Lammscheiben sorgfältig von Fett befreien und von einer Seite mit *harissa* bestreichen. Mit dem Kreuzkümmel sowie mit Salz und Pfeffer würzen, je einen Thymianzweig in die Mitte legen und aufrollen. Wie einen kleinen Braten mit Küchengarn verschnüren.

2 Die Lammrouladen auf den Rost legen und 25 Minuten grillen; regelmäßig wenden.

3 Die gegrillten Lammrouladen mit einem Couscous mit Rosinen servieren.

Lammrouladen mit Knoblauch und Limetten

FÜR 4 PERSONEN
VORBEREITUNG: 30 Minuten
GARZEIT: 25 Minuten

- 4 rosa Knoblauchzehen
- 4 TL Kräuter der Provence
- 1 EL Olivenöl
- 4 dünne Scheiben aus der Lammkeule, sorgfältig von Fett befreit
- 2 unbehandelte Limetten
- Salz und Pfeffer

1 Den Knoblauch schälen, hacken und in einer Schüssel mit den Kräutern der Provence und dem Olivenöl vermengen. Die Lammscheiben salzen und pfeffern, mit dem Knoblauch-Kräuter-Öl beträufeln und zusammenrollen. Die Limetten in Scheiben schneiden, auf die Rouladen legen und diese wie einen kleinen Braten mit Küchengarn verschnüren.

2 Die Lammrouladen auf den Rost legen und von allen Seiten 25 Minuten grillen.

3 Die Rouladen mit einem Kartoffelpüree servieren.

Für diese Spieße kommen auch Hähnchenbrust oder Kalbsschnitzel infrage. Als Miniaturausgabe sind sie ein idealer Appetizer zu einem Gläschen Champagner.

Lammspieße mit frischem Kräuteröl

FÜR 4 PERSONEN
VORBEREITUNG: 30 Minuten
GARZEIT: 20 Minuten

◆ 800 g Lammschulter, sorgfältig entfettet
◆ 1 TL Currypulver
◆ 2 unbehandelte Zitronen
◆ ½ Bund Basilikum
◆ ½ Bund Estragon
◆ ½ Bund Dill
◆ 4 Blätter Minze
◆ 2 EL Olivenöl
◆ Salz und Pfeffer

1 Die Lammschulter in gleichmäßig große Würfel schneiden und mit Salz, Pfeffer und dem Curry würzen. Die Zitronen in sehr dünne Scheiben schneiden.

2 Immer abwechselnd einen Lammwürfel und eine zusammengefaltete Zitronenscheibe auf die Spieße stecken (Holzspieße vorher wässern, damit sie nicht verbrennen).

3 Die Lammspieße auf dem Rost rundherum 20 Minuten grillen.

4 Inzwischen das Kräuteröl zubereiten: Die frischen Kräuter abzupfen (Basilikum, Estragon, Dill, Minze), waschen und grob hacken. In eine Schüssel geben, das Olivenöl untermengen und etwas durchziehen lassen.

5 Die Lammspieße, sobald sie goldbraun und gar sind, mit dem Kräuteröl überziehen und mit einem Zucchini-Gratin oder Ratatouille servieren.

*Die würzige Milchmarinade ist auch
für Lammschulter geeignet (verlängern
Sie die Garzeit um fünf Minuten)
sowie für Rinderhüfte oder Putenfilet.*

Marinierte Lammkotelett-
spieße mit Paprika

FÜR 4 PERSONEN
VORBEREITUNG: 15 Minuten
MARINEREN: 2 Stunden
GARZEIT: 20 Minuten +
15 Minuten auf dem Grill

- 2 rote Paprikaschoten
- 2 gelbe Paprikaschoten
- 50 ml Milch
- 1 Zweig Thymian
- 2 Lorbeerblätter
- 1 Zweig Rosmarin
- 2 Knoblauchzehen
- 4 EL Olivenöl
- 12 Lammkoteletts
  (3 pro Spieß)
- Salz und Pfeffer

1 Die Milchmarinade zubereiten: Die Paprikaschoten von Stielen und Samen befreien, waschen und in große Stücke zerteilen. In einem großen Topf die Milch mit dem Thymian, dem Lorbeer, dem Rosmarin, den ungeschält zerdrückten Knoblauchzehen, dem Olivenöl und den Paprikastücken vermengen. Etwa 200 Milliliter Wasser zugießen und auf kleiner Flamme 20 Minuten garen. Vom Herd nehmen und die Paprika in der Milch noch 2 Stunden ziehen lassen.

2 Die Lammkoteletts salzen und pfeffern. Immer abwechselnd ein Lammkotelett (pro Spieß drei Koteletts) und die marinierten Paprika-stücke auf Spieße stecken und von jeder Seite 7–8 Minuten grillen.

3 Die Spieße heiß mit einem Tomatensalat oder mit Pellkartoffeln servieren.

Lammschulter ist hier die beste Wahl, weil das Fleisch sehr zart und gut marmoriert ist, so bleibt es beim Grillen schön saftig und aromatisch.

Lammspieße mit getrockneten Aprikosen und Rosmarin

FÜR 4–6 PERSONEN
VORBEREITUNG: 25 Minuten
GARZEIT: 25 Minuten

- 40 getrocknete Aprikosen
- 1 kleine ausgelöste Lammschulter
- 16 frische Rosmarinzweige
- 6 EL Olivenöl
- 1 EL gemahlener Kreuzkümmel
- Salz und Pfeffer

1 Die getrockneten Aprikosen halbieren. Die Lammschulter von überschüssigem Fett befreien und in gleichmäßig kleine Würfel schneiden. Die Fleischwürfel und die Aprikosen vorsichtig auf die Rosmarinzweige stecken – rechnen Sie pro Spieß fünf bis sechs Aprikosenhälften und vier bis fünf Fleischwürfel.

2 Die Spieße auf eine große Platte legen, mit dem Olivenöl übergießen und mit Salz, Pfeffer und dem Kreuzkümmel würzen. Bei Raumtemperatur einwirken lassen, während Sie den Grill vorheizen.

3 Die Spieße abtropfen, auf den Rost legen und von allen Seiten etwa 25 Minuten grillen. Das Fleisch sollte gut durchgegart und kräftig gebräunt, die Aprikosen sollten weich sein.

4 Die Spieße sofort mit einem Couscous mit Butter oder mit frischem Taboulé servieren.

Gegrillte Lammfrikadellen

FÜR 4 PERSONEN
VORBEREITUNG: 40 Minuten
GARZEIT: 20 Minuten

- 800 g Lammschulter, sorgfältig entfettet
- 2 Knoblauchzehen
- 1 EL Meauxsenf (süßer körniger Senf)
- 1 TL getrockneten Thymian
- 2 EL Rosinen
- 3 Schweinsnetze
- 4 große Tomaten
- Salz und Pfeffer

1 Für die Lammfarce die Lammschulter in kleine Stücke schneiden, den Knoblauch schälen und hacken. Das Fleisch hacken und mit dem Senf, dem gehackten Knoblauch, dem Thymian und den Rosinen vermengen. Salzen, pfeffern und die Mischung kräftig durcharbeiten. Die Schweinsnetze jeweils in vier Quadrate von 10–12 Zentimeter Kantenlänge schneiden. Die Farce zu kleinen flachen Frikadellen formen und in die vorbereiteten Schweinsnetze einwickeln.

2 Die Lammfrikadellen auf den Rost legen und 20 Minuten grillen, dabei regelmäßig wenden. Die Tomaten halbieren und ebenfalls auf den Grill legen.

3 Die Frikadellen, sobald sie gut gebräunt und knusprig sind, mit den Grilltomaten servieren.

Gegrillte Lammbällchen

FÜR 4 PERSONEN
VORBEREITUNG: 45 Minuten
GARZEIT: 15–20 Minuten

- 1 Bund Koriandergrün
- 4 eingelegte Zitronen (arabischer Lebensmittelhandel)
- 800 g Lammhackfleisch
- 2 EL feiner Grieß
- 1 TL gemahlener Kreuzkümmel
- 1 EL Currypulver
- 300 g Mehl
- Salz und Pfeffer

1 Das Koriandergrün abzupfen und hacken. Die Schale der eingelegten Zitronen abschneiden und ebenfalls hacken. In einer Schüssel das Lammhack mit dem Grieß, der Zitronenschale, dem Koriandergrün, dem Kreuzkümmel und dem Currypulver vermengen. Mit Salz und Pfeffer würzen und mit einem Spatel sorgfältig zu einer homogenen Masse verarbeiten.

2 Aus der Masse mit leicht befeuchteten Händen Bällchen von der Größe eines kleinen Eis formen und in dem Mehl wenden.

3 Die Lammbällchen auf dem sehr heißen Grill unter regelmäßigem Wenden 15–20 Minuten grillen. Sofort servieren.

Falls Sie keine Mangos finden, können Sie auch frische Ananas oder nicht zu reife Bananen nehmen.

Lammspieße mit Mangos und Karamellsauce

FÜR 4 PERSONEN
VORBEREITUNG: 45 Minuten
MARINIEREN: 30 Minuten
GARZEIT: 20–30 Minuten

- 4 TL flüssiger Honig
- 1 EL Sojasauce
- 2 reife Mangos
- 800 g Lammfleisch aus der Schulter
- Salz und Pfeffer

1 Für die Karamellsauce den Honig in einem Topf behutsam erhitzen und karamellisieren lassen. Die Sojasauce zugießen, sorgfältig verrühren und vom Herd nehmen.

2 Die Mangos schälen, das Fruchtfleisch in Würfel schneiden. Das Lammfleisch ebenfalls würfeln und immer abwechselnd mit den Fruchtstücken auf Spieße stecken (Holzspieße zuvor wässern, damit sie nicht verbrennen). Die Spieße auf eine Platte legen, mit Salz und Pfeffer würzen und mit der Karamellsauce übergießen. Bei Raumtemperatur 30 Minuten marinieren.

3 Die Spieße abtropfen und von jeder Seite 10–15 Minuten grillen. Sofort servieren.

Als Beilage passt ein Selleriepüree, das ausgezeichnet mit den Mangos und der Karamellsauce harmoniert. Das Rezept ist denkbar einfach: Knollensellerie würfeln und zugedeckt 30 Minuten in Wasser garen. Das Kochwasser bis auf einen kleinen Rest abgießen und das Gemüse durch eine Kartoffelpresse drücken. Zurück in den Topf geben und mit Butter, Salz und Pfeffer abschmecken.

Salat mit gegrilltem Hähnchen und Gurke

FÜR 4 PERSONEN
VORBEREITUNG: 20 Minuten
MARINIEREN: 1 Stunde
GARZEIT: 20 Minuten

- 6 EL Sojasauce
- 9 EL Olivenöl
- 3 EL Sherryessig
- 1 TL gemahlener Koriander
- 4 Hähnchenbrustfilets
- 1 Romanasalat
- ½ Salatgurke
- Salz und Pfeffer

1 Sojasauce, Olivenöl, Sherryessig, Koriander, Salz und Pfeffer vermischen. Die Hähnchenbrüste in eine große Schale legen und mit der Hälfte dieser Sauce 1 Stunde bei Raumtemperatur marinieren.

2 Den Romanasalat zerteilen, die Blätter waschen, gut abtropfen und grob in Streifen schneiden. Die Gurke waschen, längs halbieren und in dünne Scheiben schneiden.

3 Die Hähnchenbrüste abtropfen, 20 Minuten grillen, dabei wenden. Sobald sie gar und gut gebräunt sind, in Stücke schneiden und noch heiß mit dem Romanasalat und den Gurken vermengen. Mit der übrigen Marinade übergießen und sofort servieren.

Hähnchenschlegel mit Ahornsirup und Sesam

FÜR 4 PERSONEN
VORBEREITUNG: 25 Minuten
MARINIEREN: 2 Stunden
GARZEIT: 30 Minuten

- 12 Hähnchenschlegel
- 6 EL Ahornsirup
- 2 EL Balsamico
- 1 EL geröstete Sesamsamen
- Salz und Pfeffer

1 Die Hähnchenschlegel auf eine Platte legen und mit Salz und Pfeffer würzen. Den Ahornsirup mit dem Essig mischen und darübergießen. 2 Stunden marinieren.

2 Die Schlegel abtropfen, auf den Rost legen und 30 Minuten grillen; dabei beständig mit der Marinade überziehen und regelmäßig wenden, bis sie von allen Seiten goldbraun karamellisiert sind.

3 Die Hähnchenschlegel auf einer Platte anrichten und noch einmal salzen und pfeffern. Mit den Sesamsamen bestreuen und servieren.

Für dieses Rezept können Sie auch Putenbrust oder sorgfältig vom Fett befreite Entenbrust verwenden. Die Garzeit verlängert sich dann um etwa fünf Minuten.

Hähnchenspieße mit indischer Joghurtsauce

FÜR 4 PERSONEN
VORBEREITUNG: 30 Minuten
MARINIEREN: 2 Stunden
GARZEIT: 20 Minuten

• 2 grüne Paprikaschoten
• 4 Hähnchenbrustfilets
• 16 Kirschtomaten
• 4 Becher Joghurt je 125 g
• 1 EL Paprikapulver
• 1 EL Currypulver
• ½ TL Chilipulver
• 4 EL Erdnussöl
• Salz und Pfeffer

1 Die Paprikaschoten von Stielansätzen und Samen befreien und in quadratische Stücke schneiden. Die Hähnchenbrüste gleichmäßig würfeln und immer abwechselnd mit den Paprikastücken und den Kirschtomaten auf vier große Spieße stecken.

2 Für die indische Joghurtsauce den Joghurt in einer Schüssel mit den Gewürzen und dem Erdnussöl verrühren und mit Salz und Pfeffer abschmecken. Die Spieße einlegen und bei Raumtemperatur 2 Stunden marinieren.

3 Die Spieße abtropfen, auf den Rost legen und 20 Minuten grillen; dabei regelmäßig wenden.

4 Die Hähnchenspieße anrichten und mit einem gewürzten Reis servieren.

Hoisin-Sauce, eine rotbraune Würzsauce aus China, finden Sie im asiatischen Lebensmittelhandel. Als Alternative mischen Sie fünf Esslöffel Sojasauce mit zwei Esslöffeln flüssigem Honig.

Gegrillte Hähnchenbrüste mit chinesischer Sauce

FÜR 4 PERSONEN
VORBEREITUNG: 20 Minuten
GARZEIT: 25 Minuten

- 4 EL Hoisin-Sauce
- 1 TL Sesamöl
- 1 EL Sojasauce
- 4 Hähnchenbrustfilets
- 1 EL geröstete Sesamsamen
- Salz und Pfeffer

1 Für die chinesische Sauce in einer Schüssel die Hoisin-Sauce mit dem Sesamöl und der Sojasauce verrühren. Die Hähnchenbrüste mit der Mischung bestreichen.

2 Das Fleisch auf den sehr heißen Grill legen und 25 Minuten grillen. Dabei wenden und beständig mit der Sauce überziehen.

3 Die Hähnchenbrüste, sobald sie gut durchgegart sind, ein letztes Mal mit Sauce bestreichen, mit den Sesamsamen bestreuen und nach Belieben mit Salz und Pfeffer würzen.

4 Die Hähnchenbrüste heiß mit einem Reis und gegrillten Kirschtomaten servieren.

Um die Garzeit etwas abzukürzen, bedecken Sie das Geflügel einfach mit einem Stück Alufolie.

Gegrillte Stubenküken mit Speck und frischem Thymian

FÜR 4 PERSONEN
VORBEREITUNG: 15 Minuten
GARZEIT: 45 Minuten

◆ 2 große küchenfertige Stubenküken (je etwa 500 g)

◆ 2 Scheiben helles Landbrot

◆ 2 EL Frischkäse mit Knoblauch und Kräutern (entspricht 2 Portionen)

◆ 2 Zweige frischer Thymian

◆ 4 Scheiben durchwachsener Speck

◆ Salz und Pfeffer

1 Die Stubenküken von innen salzen und pfeffern. Die Brotscheiben mit dem Frischkäse bestreichen und mit den Thymianzweigen in die Bauchhöhle der Vögel stecken. Die Stubenküken von außen mit Salz und Pfeffer würzen, die Brüste mit je zwei Scheiben Speck bedecken und die Küken mit Küchengarn binden.

2 Das Geflügel 45 Minuten grillen und dabei regelmäßig wenden.

3 Die Stubenküken heiß mit gegrillten Paprikaschoten (siehe Seite 34) servieren.

Greifen Sie für dieses Rezept vorzugsweise zu gegarten tiefgefrorenen oder als Confit konservierten Entenkeulen, sie vertragen das Grillen am besten. Die gleiche Zubereitung funktioniert auch mit Schweinerippchen, allerdings verlängert sich die Garzeit um 20 Minuten.

Gegrillte Entenkeulen mit Honig und Ingwer

FÜR 4 PERSONEN
VORBEREITUNG: 20 Minuten
GARZEIT: 20–25 Minuten

- 80 g frische Ingwerwurzel
- 4 EL flüssiger Honig
- 4 Entenkeulen (gegart tiefgefroren oder als Confit)
- Salz und Pfeffer

1 Den Ingwer schälen, fein hacken und in einer Schale mit dem Honig verrühren. Die Entenkeulen rundherum mit der Mischung bestreichen.

2 Die Keulen auf den Rost legen und von jeder Seite 10–12 Minuten grillen, dabei regelmäßig mit der restlichen Ingwer-Honig-Mischung bestreichen.

3 Die gegrillten Entenkeulen heiß mit einem Selleriepüree (siehe Seite 116) servieren.

Wer kein großer Freund süßsalziger Speisen ist, kann das Apfel-gelee durch Bitterorangenmarmelade ersetzen und einen Extralöffel Sherryessig zugeben; das Ergebnis ist nicht weniger überzeugend.

Entenbrust mit Apfelgelee und Rosmarin

FÜR 4 PERSONEN
VORBEREITUNG: 25 Minuten
GARZEIT: 30 Minuten

- 2 Zweige Rosmarin
- 2 EL Apfelgelee
- 2 EL Sherryessig
- 4 Entenbrüste
- Salz und Pfeffer

1 Den Rosmarin abzupfen, hacken und in einer Schüssel mit dem Apfelgelee und dem Sherryessig verrühren. Die Entenbrüste vom Fett befreien und mit Salz und Pfeffer würzen.

2 Die Entenbrüste mit der Haut nach unten auf den Grillrost legen und einige Minuten Farbe nehmen lassen. Umdrehen und weitere insgesamt 20 Minuten grillen. Dabei beständig mit der Apfel-Essig-Mischung bestreichen und regelmäßig wenden.

3 Die Entenbrüste heiß servieren. Dazu in der Glut gebackene Folienkartoffeln und rote Zwiebeln reichen.

Falls Sie keine Entenschlegel bekommen, können Sie auch ganze Keulen oder Oberschenkel verwenden. In diesem Fall verlängert sich die Garzeit um 20 Minuten.

Gegrillte Entenschlegel mit Tomaten und Kräutern

FÜR 4 PERSONEN
VORBEREITUNG: 20 Minuten
GARZEIT: 40 Minuten

- 12 Entenschlegel
- 6 große Tomaten
- 4 Knoblauchzehen
- 1 EL getrockneter Thymian
- 1 EL getrockneter Oregano
- 4 EL Olivenöl
- Salz und Pfeffer

1 Die Entenschlegel salzen und pfeffern, die Tomaten halbieren.

2 Die Tomatenhälften und die Entenschlegel auf den Rost legen; die Tomaten 10 Minuten, die Schlegel 40 Minuten grillen, dabei mehrfach wenden.

3 Den Knoblauch schälen und hacken. Die Tomaten, sobald sie fertig sind, in eine Schüssel geben und mit einer Gabel zerdrücken. Die getrockneten Kräuter, den gehackten Knoblauch und das Olivenöl untermengen und mit Salz und Pfeffer abschmecken.

4 Die Entenschlegel, sobald sie goldbraun und gar sind, auf einer Platte anrichten, mit der Tomatensauce überziehen und sofort servieren.

Probieren Sie dieses Rezept auch einmal mit kleinen Tauben oder Rebhühnern statt Wachteln. Die Garzeit verlängert sich dann um etwa zehn Minuten.

Gegrillte Wachteln mit Speck, Backpflaumen und Sojasauce

FÜR 4 PERSONEN
VORBEREITUNG: 20 Minuten
GARZEIT: 30 Minuten

- 4 küchenfertige Wachteln
- 8 entsteinte Backpflaumen
- 4 Scheiben durchwachsener Räucherspeck
- 4 kleine Zweige frischer Rosmarin
- 4 kleine Zweige frischer Thymian
- 6 EL Sojasauce
- 2 TL Fünf-Gewürze-Pulver (Asia-Laden)
- Salz und Pfeffer

1 Die Wachteln mit je zwei Backpflaumen füllen und mit einer Speckscheibe umwickeln. Je einen Zweig Thymian und Rosmarin auflegen und mit Küchengarn verschnüren.

2 Die Wachteln auf den Rost legen und von allen Seiten 30 Minuten grillen.

3 Inzwischen die Sojasauce in einer Schale mit dem Fünf-Gewürze-Pulver verrühren.

4 Die Wachteln, sobald sie gar sind, mit Salz und Pfeffer würzen, mit der Sojasauce überziehen und servieren.

Kaninchenkeulen schmecken erheblich besser, wenn sie vor dem Grillen mindestens zwölf Stunden mariniert werden. Weißwein und Gewürze dringen dabei in das Fleisch ein und durchziehen es mit ihrem Aroma. Hähnchenkeulen ohne Haut sind hierfür ebenfalls geeignet.

In Weißwein und Thymian marinierte Kaninchenkeulen

FÜR 4 PERSONEN
VORBEREITUNG: 20 Minuten
MARINIEREN: 12 Stunden
GARZEIT: 50 Minuten

- 100 ml Weißwein
- 6 EL Olivenöl
- 10 schwarze Pfefferkörner
- 4 Zweige frischer Thymian
- 4 Kaninchenkeulen
- 1 EL Dijonsenf
- Salz und Pfeffer

1 Am Vortag den Weißwein, das Olivenöl, die zerstoßenen Pfefferkörner und den Thymian in einer großen Schale vermengen. Die Kaninchenkeulen mit Salz und Pfeffer würzen, in die Mischung einlegen und im Kühlschrank mindestens 12 Stunden marinieren.

2 Am folgenden Tag die marinierten Keulen abtropfen, mit etwas Senf bestreichen und 50 Minuten grillen; regelmäßig umdrehen.

3 Die gegrillten Kaninchenkeulen auf einer Platte anrichten, mit einigen Löffeln der Marinade überziehen und servieren.

Fisch & Meeresfrüchte

So gut es zu Riesengarnelen passt, das Chilisalz hat es in sich, also verwenden Sie es sparsam und servieren Sie es auf keinen Fall Ihren Kindern.

Riesengarnelen mit Chilisalz

FÜR 4 PERSONEN
VORBEREITUNG: 20 Minuten
GARZEIT: 10 Minuten

- 1 EL Meersalz
- ½ rote Chilischote
- 20 Riesengarnelen
- 1 TL Currypulver
- 4 EL Olivenöl
- 1 Prise Kräuter der Provence

1 Für das Chilisalz das Meersalz im Mörser leicht zerstoßen. Die halbe Chilischote in feine Scheibchen schneiden (wenn Sie die Samen entfernen, ist sie etwas weniger feurig), unter das Salz im Mörser mengen und erneut zerstoßen. Sorgfältig durchmischen.

2 Die Riesengarnelen im Ganzen und ungeschält auf den Grill legen und von jeder Seite etwa 5 Minuten grillen.

3 Sobald sie gar sind, die Garnelen von den Köpfen befreien und den Saft darin durch leichten Druck mit den Fingern in eine Schale pressen. Den Curry und das Olivenöl zugeben und verrühren. Die Garnelenschwänze schälen und auf Einzeltellern anrichten.

4 Die Garnelenschwänze mit dem Chilisalz und einer Prise Kräuter der Provence würzen. Mit dem Currysud überziehen und servieren. Nach Belieben einen Basmatireis dazu reichen.

Stechen Sie die Schalen der Garnelen rundherum ein, damit die Marinade in das Fleisch eindringen kann.

Riesengarnelen in Limetten-Wein-Marinade

FÜR 4 PERSONEN
VORBEREITUNG: 15 Minuten
MARINIEREN: 2 Stunden
GARZEIT: 10 Minuten

◆ 12 Riesengarnelen
◆ 4 Limetten
◆ 4 EL Olivenöl
◆ 4 EL Weißwein
◆ 1 TL Salzblüte *(fleur de sel)*
◆ 1 EL getrockneter Thymian
◆ Salz und Pfeffer

1 Die Riesengarnelen mit Salz und Pfeffer würzen und ihre Schale mit einer Gabel mehrfach einstechen. Den Saft der Limetten auspressen und mit dem Olivenöl und dem Weißwein verrühren. Die Garnelen darin einlegen und bei Raumtemperatur 2 Stunden marinieren.

2 Die Garnelen abtropfen, auf den Rost legen und von jeder Seite 5 Minuten grillen.

3 Die gegrillten Riesengarnelen mit der Salzblüte und dem Thymian bestreuen. Mit etwas Marinade beträufeln und sofort servieren.

Als Beilage schmecken Grilltomaten: Große Tomaten halbieren, grillen und wie die Garnelen vor dem Servieren mit Salzblüte und getrocknetem Thymian würzen.

Marinierte Currygarnelen mit Schalotten

FÜR 4 PERSONEN
VORBEREITUNG: 15 Minuten
MARINIEREN: 2 Stunden
GARZEIT: 10 Minuten

◆ 20 mittelgroße Garnelen
◆ 6 EL Weißwein
◆ 4 Schalotten, gehackt
◆ 1 TL Currypulver
◆ 5 EL Olivenöl
◆ Salz und Pfeffer

1 Die Garnelen schälen und die über den Rücken verlaufenden schwarzen Därme herausziehen. In einer Schüssel den Wein, die Schalotten, das Currypulver und das Olivenöl verrühren und mit Salz und Pfeffer würzen: Die Garnelen einlegen und bei Raumtemperatur 2 Stunden marinieren.

2 Die Garnelen abtropfen, auf den Rost legen und 10 Minuten grillen; zwischendurch zwei- oder dreimal wenden.

3 Die gegrillten Currygarnelen mit einem Glas eiskaltem Chardonnay servieren.

Garnelen auf mexikanische Art

FÜR 4 PERSONEN
VORBEREITUNG: 25 Minuten
GARZEIT: 10 Minuten

◆ 4 große Tomaten
◆ 1 rote Zwiebel
◆ ½ grüne Paprikaschote
◆ 5 EL Olivenöl
◆ ½ TL Chilipaste
◆ 32 Garnelen, geschält und Darm entfernt
◆ Salz und Pfeffer

1 Für die Salsa die Tomaten halbieren und 20 Minuten grillen. Mit der Zwiebel und der halben Paprika im Mixer pürieren. Das Olivenöl und die Chilipaste untermengen und mit Salz und Pfeffer abschmecken.

2 Die Garnelen mit je einem hölzernen Zahnstocher durchstechen, damit man sie leichter aufnehmen und essen kann.

3 Die Garnelen von jeder Seite 5 Minuten grillen und mit der mexikanischen Salsa zum Dippen servieren.

Sie können diese Garnelen auch als Appetizer zu einem Cocktail – z.B. einem Mojito oder einer Margarita – servieren.

Falls Sie keinen frischen Rosmarin zur Hand haben, nehmen Sie einfach herkömmliche Spieße aus Holz oder Metall und würzen mit getrocknetem Rosmarin.

Garnelenspieße mit Paprika und Rosmarin

FÜR 4 PERSONEN
VORBEREITUNG: 25 Minuten
GARZEIT: 10 Minuten

- 4 gelbe Paprikaschoten
- 8–12 frische Zweige Rosmarin
- 24 mittelgroße Garnelen
- 4 EL Olivenöl
- Salz und Pfeffer

1 Die Paprikaschoten von Stielansätzen und Samen befreien und in kochendem Salzwasser 10 Minuten garen. Kalt abschrecken, abtropfen und in mundgerechte Stücke schneiden.

2 Die Rosmarinzweige an den Enden leicht anspitzen. Die Garnelen von den Köpfen befreien und abwechselnd mit den Paprikastücken auf die Rosmarinspieße stecken. Mit Salz und Pfeffer würzen.

3 Die Garnelenspieße auf den Rost legen und 10 Minuten von allen Seiten grillen.

4 Die Spieße vor dem Servieren mit dem Olivenöl beträufeln. Dazu einen grünen Salat reichen.

Die frische Kräuterbutter passt auch zu Langustenschwänzen, die häufig tiefgefroren angeboten werden.

Gegrillter Hummer mit frischer Kräuterbutter

FÜR 4 PERSONEN
VORBEREITUNG: 25 Minuten
GARZEIT: 15 Minuten

- 4 lebende kanadische Hummer
- 180 g Butter
- ½ Bund Koriandergrün
- ½ Bund frischer Estragon
- 2 Zweige frisches Basilikum
- Salz und Pfeffer

1 Die lebenden Hummer kopfüber in einen Topf mit sprudelnd kochendem Wasser tauchen (sie sterben nach wenigen Sekunden; dies ist die einzige in Deutschland zulässige Tötungsmethode für lebende Krustentiere). Nach etwa 1 Minute wieder herausheben, kalt abschrecken und längs halbieren. Die Butter in der Mikrowelle zerlassen. Die Hummerhälften salzen, pfeffern und mit etwas zerlassener Butter beträufeln.

2 Die Hummer mit der Fleischseite nach unten auf den Rost legen und etwa 15 Minuten grillen.

3 Inzwischen die Kräuterbutter fertigstellen. Die frischen Kräuter waschen, entstielen und grob hacken. Unter die restliche zerlassene Butter mengen und 15 Minuten im Kühlschrank fest werden lassen.

4 Die halben Hummer mit der Fleischseite nach oben auf einer Platte anrichten und mit der Kräuterbutter bestreichen. Mit geröstetem hellem Landbrot servieren.

*Für dieses Gericht können Sie auch kleine Pilger- oder Kamm-
muscheln verwenden, die deutlich billiger sind als Jakobsmuscheln;
auch Garnelen sind geeignet. Die Garzeit verkürzt sich auf die Hälfte.*

Jakobsmuschelspieße mit Knoblauch

FÜR 4 PERSONEN
VORBEREITUNG: 20 Minuten
MARINIEREN: 30 Minuten
GARZEIT: 10 Minuten

◆ 2 EL gehackter Knoblauch
◆ 6 EL Olivenöl
◆ Saft von 3 Orangen
◆ 24 ausgelöste Jakobs-
muscheln
◆ Salz und Pfeffer

1 In einer Schüssel den Knoblauch, das Olivenöl und den Orangensaft verrühren. Die Jakobsmuscheln einlegen und bei Raumtemperatur 30 Minuten marinieren. Salzen und pfeffern und sorgfältig vermischen.

2 Die Jakobsmuscheln abtropfen und auf insgesamt acht Spieße stecken – also drei Muscheln pro Spieß.

3 Die Spieße auf den gut vorgeheizten Grill legen und bei starker Hitze von jeder Seite 5 Minuten grillen.

4 Die gegrillten Jakobsmuscheln mit etwas Knoblauchmarinade überziehen, nach Belieben noch einmal salzen und pfeffern und genießen.

Sie können diese Spieße zur Abwechslung auch in eine marokkanische Marinade (siehe Seite 17) einlegen. Servieren Sie dazu einen Couscous.

Wenn Sie für dieses Gericht tiefgefrorene Kalmare verwenden, lassen Sie sie über Nacht in einer Mischung aus Milch und Wasser auftauen. Auch Jakobsmuscheln sind für diese Zubereitung geeignet.

Pikante Tintenfischspieße

FÜR 4 PERSONEN
VORBEREITUNG: 25 Minuten
GARZEIT: 20 Minuten

- 40 kleine Kalmare, gesäubert
- ½ TL gemahlener Kreuzkümmel
- 1 TL Currypulver
- 2 unbehandelte Limetten
- 4 EL Olivenöl
- 2 EL Sojasauce
- 50 ml Kokosmilch (nach Belieben)
- Salz und Pfeffer

1 Die Kalmare waschen, abtropfen und mit einem Küchentuch abtrocknen. In eine große Schüssel legen, mit dem Kreuzkümmel, dem Currypulver sowie Salz und Pfeffer würzen und gründlich durchmischen.

2 Die Limetten vierteln und jedes Viertel noch einmal halbieren. Auf vier große Spieße je zehn Kalmare und vier Limettenspalten stecken (Holzspieße zuvor wässern, damit sie auf dem Grill nicht verbrennen).

3 Die Spieße auf den sehr heißen Grill legen und von jeder Seite 10 Minuten garen.

4 Inzwischen das Olivenöl, die Sojasauce und, falls verwendet, die Kokosmilch verrühren. Die knusprig gegrillten Tintenfischspieße mit der Sauce überziehen und heiß servieren.

Legen Sie die Muscheln mit der Deckelschale nach oben auf den Grill, damit sie keinen Saft verlieren, wenn sie sich öffnen.

Gegrillte Muscheln mit Rosmarinöl

FÜR 4 PERSONEN
VORBEREITUNG: 10 Minuten
GARZEIT: 5 Minuten

◆ 1 Zweig frischer Rosmarin
◆ Saft von 1 Zitrone
◆ 6 EL Olivenöl
◆ Eine Auswahl verschiedener Muscheln, je nach Marktlage (etwa 20 Stück pro Person, z.B. Miesmuscheln, Venusmuscheln, Clams, Herzmuscheln etc.)

1 Für das Rosmarinöl den Rosmarin abzupfen, fein hacken und mit dem Zitronensaft und dem Olivenöl verrühren.

2 Die Muscheln auf den Grill legen und einige Minuten garen, bis sie sich geöffnet haben (Sie können sie mit einem Bogen Alufolie bedecken). Muscheln, die sich nicht öffnen, wegwerfen.

3 Die gegrillten Muscheln auf tiefen Tellern anrichten, mit dem Rosmarinöl überziehen und servieren.

Anstelle von Kalmaren können Sie für dieses Rezept auch große Sepiatuben verwenden. Die Tuben in etwa zehn Zentimeter große Stücke schneiden und wie beschrieben zubereiten.

Gegrillte Kalmare mit Koriandersauce

FÜR 4 PERSONEN
VORBEREITUNG: 20 Minuten
GARZEIT: 25 Minuten

◆ 16 Kalmare, gesäubert
◆ 6 EL Olivenöl, plus etwas Öl zum Grillen
◆ ½ Bund Koriandergrün
◆ Saft von 4 Limetten
◆ 4 EL Sojasauce
◆ 1 EL Sesamsamen
◆ Salz und Pfeffer

1 Die Kalmare leicht einölen, auf den Rost legen und rundherum 25 Minuten grillen.

2 Für die Sauce das Koriandergrün waschen, grob hacken und in einer Schüssel mit dem Olivenöl, dem Limettensaft, der Sojasauce und den Sesamsamen verrühren.

3 Die gegrillten Kalmare mit der Koriandersauce überziehen und mit einem weißen Reis servieren.

Falls Sie lieber Makrelen als Sardinen nehmen möchten, verlängert sich die Garzeit um fünf Minuten.

Gegrillte Sardinen mit Kräuterbutter

FÜR 4 PERSONEN
VORBEREITUNG: 15 Minuten
GEFRIEREN: 30 Minuten
GARZEIT: 15 Minuten

- ½ Bund Basilikum
- ½ Bund glatte Petersilie
- ½ Bund Estragon
- 200 g weiche Butter
- 20 Sardinen, ausgenommen
- Salz und Pfeffer

1 Die Kräuter waschen und abzupfen. Mit der weichen Butter und etwas Salz in den Mixer geben und zu einer glatten, grünen Masse verarbeiten. Die Kräuterbutter in Pergamentpapier wickeln und zu einer Rolle formen. Im Gefrierschrank 30 Minuten fest werden lassen.

2 Inzwischen die Sardinen mit Salz und Pfeffer würzen, auf den Rost legen und 6–7 Minuten grillen. Vorsichtig umdrehen und von der anderen Seite fertigstellen.

3 Sobald die Fische goldbraun und gar sind, vom Grill nehmen und auf Einzeltellern anrichten.

4 Die Sardinen mit der in Scheiben geschnittenen Kräuterbutter garnieren und mit Röstbrot servieren.

Marinierter Thunfisch mit Curry

FÜR 4 PERSONEN
VORBEREITUNG: 15 Minuten
MARINIEREN: 30 Minuten
GARZEIT: 20 Minuten

◆ 2 EL Currypulver
◆ 1 TL Paprikapulver
◆ 4 EL Erdnussöl
◆ 1 große Scheibe weißer
Thun (800–900 g)
◆ Salz und Pfeffer

1 Für die Marinade den Curry und den Paprika mit dem Erdnussöl verrühren. Den Thunfisch salzen und pfeffern, mit dem Öl bestreichen und 30 Minuten bei Raumtemperatur marinieren.

2 Den Thunfisch abtropfen, auf den sehr heißen Grill legen und von jeder Seite 10 Minuten grillen. Nicht übergaren, am besten schmeckt er, wenn er im Kern noch leicht »rosa« ist.

3 Den gegrillten Thunfisch mit ein wenig Marinade überziehen und servieren.

Kleine Thunfischspieße mit grünen Oliven

FÜR 4 PERSONEN
VORBEREITUNG: 40 Minuten
GARZEIT: 15 Minuten

◆ 600 g weißer Thun
◆ 1 EL Currypulver
◆ Saft von 1 Zitrone
◆ 2 EL Olivenöl
◆ 1 EL grüne Tapenade
(Olivenpaste)
◆ 16 entsteinte grüne Oliven
◆ Salz und Pfeffer

1 Den Thunfisch in 24 gleich große Stücke schneiden. Den Curry, den Zitronensaft, das Olivenöl und die Tapenade vermengen. Die Thunfischstücke darin wenden und mit Salz und Pfeffer würzen. Immer im Wechsel je drei Stücke Thunfisch und zwei grüne Oliven auf Spieße stecken (rechnen Sie zwei Spieße pro Person, also acht Spieße insgesamt).

2 Die Spieße auf den sehr heißen Grill legen und von jeder Seite etwa 7 Minuten grillen. Sobald sie kräftig gebräunt, im Kern aber noch leicht roh sind, herunternehmen.

3 Die Thunfischspieße anrichten und heiß mit Ratatouille oder einem einfachen grünen Salat servieren.

Für ein perfektes Resultat kaufen Sie möglichst dicke Stücke aus dem vorderen Teil des Lachsfilets. Und lassen Sie auf jeden Fall die Haut dran!

Einseitig gegrillter Lachs mit Salzblüte

FÜR 4 PERSONEN
VORBEREITUNG: 5 Minuten
GARZEIT: 20 Minuten

- 1 TL schwarze Pfefferkörner
- ½ EL Salzblüte *(fleur de sel)*
- 4 Lachsfilets mit Haut je etwa 200 g
- 4 Zweige frischer Thymian
- 4 TL Olivenöl

1 Den schwarzen Pfeffer im Mörser zerstoßen und mit der Salzblüte vermengen.

2 Die feinen Stehgräten in den Lachsfilets, falls noch vorhanden, mit einer Pinzette herausziehen.

3 Die Filets mit der Haut nach unten auf den sehr heißen Grill legen und die obere Seite mit der Pfeffer-Salz-Mischung würzen. Den Fisch etwa 20 Minuten garen, ohne ihn zu wenden.

4 Sobald der Lachs gar ist – die obere Seite sollte noch leicht glasig sein – auf einer großen Platte anrichten. Den Thymian abzupfen, hacken und über die Filets streuen. Leicht mit Olivenöl beträufeln und servieren.

Das Aroma der in die Filets gesteckten Lorbeerblätter dringt beim Grillen in das Fleisch ein und verleiht ihm eine interessante Note.

Gegrillter Lachs mit Lorbeer

FÜR 4 PERSONEN
VORBEREITUNG: 10 Minuten
GARZEIT: 20 Minuten

- 1 TL Kreuzkümmelsamen
- ½ TL Koriandersamen
- ½ TL Currypulver
- 5 EL Sonnenblumenöl
- 4 Lachsfilets mit Haut je etwa 200 g
- 8 frische Lorbeerblätter
- Salz und Pfeffer

1 Ein Würzöl zubereiten: Den Kreuzkümmel und den Koriander im Mörser zerstoßen und mit dem Currypulver und dem Sonnenblumenöl verrühren.

2 Die Lachsfilets mit einem spitzen Messer seitlich einschneiden, sodass eine kleine Tasche entsteht. Jeweils zwei Lorbeerblätter hineinstecken und die Filets rundherum mit dem Würzöl einreiben. Eventuell verbliebene Stehgräten mit einer Pinzette herausziehen.

3 Die Lachsfilets mit der Haut nach unten auf den Rost legen und nur von einer Seite 20 Minuten grillen (oder nach der Hälfte der Garzeit wenden – ganz wie Sie wollen).

4 Die gegrillten Lachsfilets anrichten und mit Basmati-Reis oder Salzkartoffeln servieren.

Für dieses Rezept ist auch Wolfsbarsch gut geeignet, allerdings sollte man die Salz- und Zuckermenge halbieren, da sein Fleisch relativ empfindlich ist.

Marinierte Lachsfilets mit Dill-Limettenöl

FÜR 4 PERSONEN
VORBEREITUNG: 15 Minuten
MARINIEREN: 4 Stunden
GARZEIT: 15 Minuten

- 1 EL extrafeiner Zucker
- 2 EL Meersalz
- ½ Bund Dill, gehackt
- 2 EL Aquavit
- 1 TL Kümmelsamen
- 4 Lachsfilets mit Haut
- 4 EL Olivenöl, plus 1 EL zum Grillen
- Saft von 1 Limette
- Salz und Pfeffer

1 In einem großen Gefäß den Zucker, das Salz, die Hälfte des Dills, den Aquavit und den Kümmel vermengen. Die Lachsfilets einlegen und im Kühlschrank 4 Stunden marinieren.

2 Die Filets unter fließendem kaltem Wasser abspülen und abtrocknen. Mit einem Esslöffel Olivenöl bestreichen, mit der Haut nach unten auf den Grill legen und, ohne zu wenden, 15 Minuten grillen.

3 Inzwischen das Olivenöl mit dem Limettensaft und dem restlichen Dill verrühren.

4 Die gegrillten Lachsfilets anrichten, mit dem Dill-Limettenöl überziehen und mit Salz und Pfeffer würzen. Heiß servieren.

Tiefgefrorene Rotbarbenfilets sind zwar recht klein, dafür aber grätenfrei und von einheitlicher Größe, was das Garen erleichtert.

Rotbarbenfilets mit Pistazien

FÜR 4 PERSONEN
VORBEREITUNG: 20 Minuten
MARINIEREN: 20 Minuten
GARZEIT: 5 Minuten

- 100 g gesalzene Pistazien
- 1 EL Pistazienöl
- 1 EL Olivenöl
- 16 kleine Rotbarbenfilets
- Salz und Pfeffer

1 Die Pistazien schälen und grob hacken oder im Mörser zerstoßen. In einem großen Gefäß mit beiden Ölen vermengen, die Rotbarbenfilets einlegen und bei Raumtemperatur 20 Minuten marinieren.

2 Die Filets abtropfen, mit der Haut nach unten auf den Grill legen und 5 Minuten garen; nicht wenden.

3 Die Rotbarbenfilets auf Einzeltellern – eventuell auf einem Salatbett – anrichten und mit der Marinade überziehen. Mit Salz und Pfeffer würzen und servieren. Sie können sie auch mit einer Zitronenscheibe garniert als Vorspeise reichen.

▸ **ABWANDLUNG:** Ersetzen Sie die Pistazien durch grob zerstoßene Pinienkerne und Korinthen.

*Als Alternative können Sie auch ganze Rotbarben oder sehr
große Sardinen verwenden, allerdings müssen Sie die Garzeit
entsprechend anpassen.*

Gegrillter Wolfsbarsch mit Fenchel

FÜR 4 PERSONEN
VORBEREITUNG: 25 Minuten
MARINIEREN: 1 Stunde
GARZEIT: 20–30 Minuten

- 4 Wolfsbarsche von Portionsgröße (400–500 g), ausgenommen, jedoch nicht geschuppt
- 8 Zweige Fenchelgrün
- 2 unbehandelte Zitronen
- 2 EL Fenchelsamen
- ½ TL Currypulver
- 6 EL Olivenöl
- Salz und Pfeffer

1 Die Fische von innen salzen und pfeffern und je zwei Zweige Fenchelgrün in die Bauchhöhlen stecken. Die Zitronen in dünne Scheiben schneiden.

2 Die Fische in eine große Schale legen, mit Salz und Pfeffer würzen, die Fenchelsamen und das Currypulver darüberstreuen, mit den Zitronenscheiben bedecken mit dem Olivenöl beträufeln. Bei Raumtemperatur 1 Stunde marinieren.

3 Die Wolfsbarsche abtropfen, auf den sehr heißen Grill legen und von jeder Seite 10–15 Minuten grillen.

4 Die Fische anrichten, mit etwas von ihrer Marinade überziehen und mit Grillkartoffeln (siehe Seite 44) servieren.

Gehen Sie beim Wenden der Heilbuttfilets sehr behutsam vor,
ihr empfindliches Fleisch neigt dazu, beim Garen zu zerfallen.

Heilbuttfilets mit Kapern und Dill

FÜR 4 PERSONEN
VORBEREITUNG: 15 Minuten
GARZEIT: 8–10 Minuten

- ½ Bund Dill
- 2 unbehandelte Zitronen
- 2 EL kleine Kapern
- 5 EL Olivenöl, plus etwas Öl zum Grillen
- 4 Heilbuttfilets
- Salz und Pfeffer

1 Zuerst die Sauce zubereiten: Den Dill waschen und hacken, die Zitronen in kleine Ecken schneiden. Beides mit den Kapern und dem Olivenöl vermengen und mit Salz und Pfeffer würzen. Beiseitestellen.

2 Die Heilbuttfilets leicht mit Olivenöl einreiben, auf den gut vorgeheizten Grill legen und von jeder Seite 5 Minuten grillen. Achten Sie darauf, den Fisch nicht zu übergaren, er sollte innen noch saftig und leicht glasig sein.

3 Die gegrillten Heilbuttfilets auf Einzeltellern anrichten, mit der Kapern-Dill-Sauce garnieren und servieren. Dazu passen Stampfkartoffeln oder Reis.

Probieren Sie dieses Rezept auch einmal mit anderen Fischen wie Kabeljau, Pollack, Lachs oder Forelle.

Seeteufel hat festes Fleisch, das relativ lange gart und gern etwas Farbe vertragen kann. Pressen Sie die Orangenstückchen über dem goldbraun gegrillten Fisch aus – ein Hochgenuss!

Seeteufelspieße mit Orangen und Olivenöl

FÜR 4 PERSONEN
VORBEREITUNG: 25 Minuten
GARZEIT: 25 Minuten

- 1 kg Seeteufelfilet
- 4 unbehandelte Orangen
- 1 TL Currypulver
- 8 frische Lorbeer-
  blätter, halbiert
- 5 EL Olivenöl
- Salz und Pfeffer

1 Das Seeteufelfilet in gleich große Stücke schneiden, die Orangen mitsamt der Schale würfeln. Den Fisch mit dem Currypulver bestreuen und immer abwechselnd mit den Orangenwürfeln und den Lorbeerblättern auf Spieße stecken (rechnen Sie zwei Spieße pro Person). Die Spieße mit Salz und Pfeffer würzen und mit Olivenöl bestreichen.

2 Die Spieße auf den Grill legen und unter regelmäßigem Wenden 25 Minuten garen.

3 Sobald der Fisch goldgelb und gar ist, die heißen Spieße auf einem Salatbett anrichten und sofort servieren. Vor dem Essen den Saft der Orangenstückchen über dem Fisch auspressen.

Für dieses Rezept ist auch eine ganze Reihe anderer Fischarten geeignet, darunter weißer oder roter Thunfisch, aber auch Seeteufel, der allerdings etwas länger braucht.

Gegrillter Schwertfisch mit Basilikum-Kapern-Vinaigrette

FÜR 4 PERSONEN
VORBEREITUNG: 15 Minuten
GARZEIT: 20 Minuten

- 4 Schwertfischsteaks
- 1 EL Olivenöl
- 3 EL Erdnussöl
- 1 EL Balsamico
- 2 EL Kapern
- 1 Bund Basilikum
- Salz und Pfeffer

1 Die Schwertfischsteaks mit dem Olivenöl einreiben und mit Salz und Pfeffer würzen.

2 Die Steaks von jeder Seite 10 Minuten grillen.

3 Inzwischen für die Vinaigrette das Erdnussöl in einer Schüssel mit dem Balsamico, den Kapern und den Basilikumblättern verrühren und mit Salz und Pfeffer abschmecken.

4 Die Schwertfischsteaks, sobald sie gar sind, auf einer großen Platte anrichten, mit der Basilikum-Kapern-Vinaigrette überziehen und sofort servieren. Dazu passt Kartoffelpüree oder gedünsteter Lauch.

Fruchtiges vom Grill

Diese Spieße sind der ideale Abschluss einer Grillparty.
Reservieren Sie dafür eine saubere Ecke auf dem Grill und eine
milde Restglut zum sanften Garen.

Mirabellen-Pflaumen-Spieße

FÜR 4 PERSONEN
VORBEREITUNG: 20 Minuten
MARINIEREN: 12 Stunden
GARZEIT: 10–20 Minuten

- 24 Backpflaumen (vorzugs- weise aus Agen), entsteint
- 24 Mirabellen
- 2 EL alter Pflaumenbrand
- 3 EL Rohzucker

1 Am Vortag die Backpflaumen halbieren und immer abwechselnd eine halbe Backpflaume und eine Mirabelle auf Spieße von 10–12 Zentimeter Länge stecken. Sie können dafür auch frisch ge- schnittene kleine grüne Zweige nehmen.

2 Die Spieße in ein großes Tongefäß legen, mit dem Pflaumen- schnaps benetzen und mit dem Rohzucker bestreuen. Behutsam in der Mischung wenden und über Nacht bei Raumtemperatur marinieren.

3 Am Folgetag die Spieße bei moderater Hitze auf den Grill legen und je nach Stärke der Glut von allen Seiten 10–20 Minuten grillen.

4 Die Mirabellen-Pflaumen-Spieße heiß mit einer Kugel Vanilleeis servieren.

Ersetzen Sie zur Abwechslung die Backpflaumen durch getrocknete Aprikosen und die Mirabellen durch eine andere Pflaumensorte, bei- spielsweise Reneklodens.

Einen ganz besonderen Genuss verspricht dieses Dessert,
wenn Sie die Spieße zuvor in eine Mischung aus Rum und
Rohzucker einlegen.

Kleine Ananasspieße

FÜR 4 PERSONEN
VORBEREITUNG: 25 Minuten
MARINIEREN: 30 Minuten
GARZEIT: 10 Minuten

◆ 1 Ananas
◆ 200 g Rohzucker
◆ Saft von 1 Limette

1 Die Ananas mit einem scharfen Messer sauber schälen und das Fruchtfleisch in gleichmäßig große Stücke schneiden.

2 Die Ananasstücke auf acht kleine Spieße stecken, mit dem Rohzucker bestreuen und 30 Minuten bei Raumtemperatur durchziehen lassen.

3 Die Ananasspieße auf den Grill legen und von jeder Seite in 5 Minuten goldbraun karamellisieren lassen.

4 Die Spieße auf Einzeltellern anrichten, mit dem Limettensaft beträufeln und heiß mit einer Kugel Kokoseis genießen.

Die Bananen lassen sich auch in Armagnac oder Cognac statt Rum einlegen, eine etwas kräftigere Angelegenheit, aber ein echter Gaumenkitzel, besonders mit Schokoladeneis.

Gegrillte Rumbananen

FÜR 4 PERSONEN
VORBEREITUNG: 20 Minuten
MARINIEREN: 2 Stunden
GARZEIT: 8 Minuten

- 8 EL alter Rum
- 3 EL Rohzucker
- 4 Bananen mit Schale

1 In einem kleinen Topf acht Esslöffel Wasser mit dem Rum und dem Rohzucker verrühren und einige Sekunden behutsam erhitzen. Sobald der Zucker geschmolzen ist, den Sirup gut umrühren und in eine große Schale gießen.

2 Die Bananen mit einer Gabel rundherum mehrfach einstechen. In den Sirup einlegen und bei Raumtemperatur 2 Stunden marinieren. Zwischendurch immer wieder mit dem Sirup überziehen.

3 Die Bananen mit der Schale auf den Rost legen und einige Minuten von beiden Seiten grillen. Sobald das Fruchtfleisch weich zu werden beginnt, die Früchte herunternehmen.

4 Die gegrillten Rumbananen mit einer Kugel Rumrosineneis oder Vanilleeis servieren.

Bestreuen Sie die Feigen-Apfel-Spieße kurz vor dem Servieren mit einer Prise Zimt.

Karamellisierte Feigen-Apfel-Spieße

FÜR 4 PERSONEN
VORBEREITUNG: 10 Minuten
GARZEIT: 20 Minuten

- 2 feste süßsäuerliche Äpfel
- 8 frische Feigen
- 1 EL Puderzucker

1 Die Äpfel schälen, entkernen und in Spalten schneiden. Auf jeden Spieß abwechselnd je zwei Apfelspalten und zwei ganze Feigen stecken und mit Puderzucker bestauben.

2 Die Spieße auf den gut vorgeheizten Grill legen und 20 Minuten sanft grillen; ab und zu wenden. Sobald die Früchte rundherum karamellisiert sind, vom Grill herunternehmen.

3 Die Feigen-Apfel-Spieße heiß mit einer Kugel Vanille-, Zimt- oder Karamelleis servieren.

Probieren Sie das Rezept mit Granny-Smith oder anderen betont säuerlichen Äpfeln, wenn Ihnen nach einer frischen Note und einem Kontrast zu den Feigen ist. Die Feigen sollten nicht zu reif sein, sonst rutschen sie gern mal vom Spieß.

In Ermangelung von getrocknetem Lavendel ist sehr fein gehackter Rosmarin eine gute Alternative.

Gegrillte Aprikosen mit Lavendel

FÜR 4 PERSONEN
VORBEREITUNG: 20 Minuten
GARZEIT: 10 Minuten

- 8 EL gemahlene Mandeln
- 1 EL Zucker
- 1 Eigelb
- 12 Aprikosen
- Einige Mandelblättchen
- 6 TL Puderzucker
- 1 EL flüssiger Honig
- 1 TL getrockneter Lavendel

1 Für die Mandelpaste die gemahlenen Mandeln in einer Schüssel mit dem Zucker und dem Eigelb kräftig verrühren.

2 Die Aprikosen aufschneiden und entsteinen. Die Früchte mit der Mandelpaste füllen und wieder verschließen. Aus Alufolie zwölf Quadrate zurechtschneiden und je eine gefüllte Aprikose in die Mitte legen. Mit den Mandelblättchen und je einem halben Teelöffel Puderzucker bestreuen und in die Folie einwickeln.

3 Die Aprikosen in Alufolie direkt in die Glut legen und 10 Minuten garen.

4 Die Früchte aus der Folie wickeln und auf Einzeltellern anrichten. Mit dem Honig beträufeln, mit dem getrockneten Lavendel bestreuen und heiß mit einer Kugel Mandeleis servieren.

Register

Unser Verlagsprogramm finden Sie unter www.christian-verlag.de

Übersetzung aus dem Französischen: Helmut Ertl
Textredaktion: Silvia Rehder
Korrektur: Petra Tröger
Satz: Wigel, München
Umschlaggestaltung: Caroline Daphne Georgiadis, Daphne Design

Die Deutsche Nationalbibliothek verzeichnet diese Publikation in der Deutschen National-bibliografie; detaillierte bibliografische Daten sind im Internet über http://dnb.d-nb.de abrufbar.

Printed in Spain by Gráficas Estella

ISBN 978-3-86244-026-9

Christian Verlag
Postfach 400209
80702 München
E-Mail: lektorat@verlagshaus.de